Barbara Sichtermann / Ingo Rose

Kurtisanen, Konkubinen & Mätressen

ebersbach & simon

Inhalt

Vorwort

Das älteste Gewerbe der Welt ist unter sich lebhaft wechselnden Bedingungen ausgeübt worden – Frauen haben ihren Körper gegen Geld, Unterhalt, Einfluss und Aufstieg hingegeben und sind dabei geschätzt, verehrt, verachtet und verteufelt worden – je nach Moral der Epoche. Prostitution war und ist keineswegs nur ein Armutsphänomen oder der letzte Ausweg eines Mädchens ohne Perspektive, sondern ebenso wohl eine Erscheinung der vornehmen Welt und der kulturell tonangebenden Schichten. Wir versuchen, in unserem Buch einen großen Bogen zu schlagen vom Hetärenwesen im klassischen Griechenland über Renaissance und Aufklärung bis in die Moderne und unsere tolerante Postmoderne. Und wir finden: Verallgemeinerungen sind schwierig, wenn nicht gar unmöglich. In alten Zeiten waren Mätressen und ›Nebenfrauen‹ hoch vermögender Herren in ihren eigenen Milieus eher anerkannt als heute, wobei Prostitution in den untersten Schichten, unter Habenichtsen und im Proletariat, durchweg ein sehr hartes und gefährliches ›Gewerbe‹ war. Interessant ist seit der Neuzeit – aber auch schon in der Antike – die ehrgeizige junge Frau, die mittels des erotischen Angebots auf Zugang zu besseren Kreisen hoffen konnte. Dieses Geschick fanden wir mehrfach vor und stets beobachten wir, dass Kurtisanen, die von ganz unten kamen und bis weit nach oben gelangten, wie etwa Aspasia, Duplessis, de Gouges und auch Nitribitt, schnell begriffen, wie wichtig eine gute Allgemeinbildung für ihre Aura als Dame von Welt war, und sich redlich darum bemühten.

Auffällig ist, dass nicht wenige der hier vorgestellten Frauen in früher Kindheit Misshandlungen oder Missbrauch erfahren haben – zum Beispiel Otéro, Keeler und Niehoff. Einige von ihnen wollten sich an den Männern rächen und waren sich dessen auch bewusst. Andere wiederum wurden Kurtisanen aus freien Stücken; entweder weil bereits die Mutter Kurtisane war, wie im Falle Franco, oder weil sie ein selbstbestimmtes Leben der Existenz einer auf Häuslichkeit beschränkten Ehefrau vorzogen, so im Falle Pompadour oder La Païva. Meist stand ihnen ja, wollten sie außerhalb ihrer vier Wände am öffentlichen Leben teilhaben, kaum ein anderer Weg offen. Manche Mätressen aus der Hautevolee haben enorme Vermögen angehäuft – und manchmal auch alles wieder verprasst – und mit den bedeutenden Persönlichkeiten ihrer Zeit verkehrt. Manche räumten der Erotik und der

Aspasia *(470–420 v. Chr.)*

Berühmteste Hetäre des klassischen Griechenlands

Hellas, das alte Griechenland, war ein Sehnsuchtsort für die europäische Renaissance, die deutsche Klassik und Romantik. Der Zauber, den die Antike auf den Rest der Welt ausgeübt hat, wirkt heute noch nach – seinerzeit überglänzte er alle bedeutenden Epochen der Menschheitsgeschichte. Die Griechen hatten, so erkannten die Nachgeborenen voll Bewunderung, sämtliche tiefen philosophischen Fragen bereits gestellt. Sie hatten die Demokratie erfunden, fantastische Tempel erbaut und Dramatiker hervorgebracht, deren unsterbliche Werke noch heute auf unseren Bühnen gespielt werden. Ihre Kultur war ohne Beispiel, von einmaliger Schönheit und Kraft, und ihre Kunst, das Leben zu genießen und zu feiern, wurde danach nie mehr erreicht. Zur Sinnenfreude der Hellenen gehörten der Wein und die Früchte des gesegneten Südens und das Hetärentum, die Szene der käuflichen Frauen. Und diese wohlerzogenen Damen waren nicht nur wunderschön, sondern auch noch hochgebildet. So jedenfalls will es das idealisierte Hellas-Bild, das noch das 19. Jahrhundert dominierte.

Die griechische Demokratie war jedoch eine Herrschaft der wenigen mit Rechten ausgestatteten Besitzbürger und basierte wirtschaftlich auf der Ausbeutung eines Heeres von Sklaven. Die künstlerische Blüte in Architektur und Drama gedieh im Schatten permanenter kriegerischer Konflikte. Und die viel gerühmten Hetären waren in der Regel keineswegs gebildet und auch wenig geachtet. Was sie zu bieten hatten, war die ständige Bereitschaft zum Geschlechtsverkehr, einige verstanden sich aufs Musizieren und auf tänzerische Darbietungen, die meisten aber kamen aus der Unterschicht und hatten außer ein bisschen Selbstinszenierung nichts gelernt. Es gab nun noch einmal eine Art Klassengesellschaft unter den Prostituierten. Die ärmsten waren die Pornés, die Straßenhuren oder die Mädchen in einem Freudenhaus. Meist waren sie entlaufene oder freigelassene Sklavinnen. Die Hetären – im Wortsinn: Gefährtinnen – gehörten zur Prostituierten-Mittelschicht. Sie wurden für ein Symposion, ein Gelage mit Musik, Tanz und Gesellschaftsspiel, gebucht und mussten nach dem Fest oder sogar währenddessen zum Beischlaf bereit sein – manchmal mit wechselnden Freiern. Auch sie waren häufig ehemalige Sklavinnen. Zur schmalen Oberschicht der Prostituierten zählten die gebildeten Hetären, die sehr teuer waren und häufig für

Junge Hetäre und ein Jüngling beim Liebesspiel auf einer attischen Weinkanne, um 430 v. Chr.

eine gewisse Zeit nur einem Freier zu Diensten standen. Solche Frauen, entweder frei geboren oder losgekaufte Sklavinnen, waren Ausnahmen, schon weil ihnen aufgrund ihres Wissens und Könnens der Aufstieg in den Ehestand möglich gewesen wäre. Ehefrauen im antiken Griechenland waren indes vollständig rechtlos, ihr Wirken auf das Haus beschränkt, und sie durften als sittsame Damen nicht an den beliebten Symposien teilnehmen, auf denen erotische und alkoholische Ausschweifungen gang und gäbe waren. Es ist vorstellbar, dass eine neugierige und selbstständige Frau den Status der Edelhetäre dem Los einer aus dem gesellschaftlichen Leben weithin verbannten Gattin vorzog. Doch sie ging damit immer das Risiko der sozialen Ächtung ein. Die doppelte Moral war eine vollkommen normale Erscheinung im alten Griechenland. Huren durften sich nicht auf dieselbe soziale Stufe stellen wie Ehefrauen und das gesamte weibliche Geschlecht rangierte unter dem männlichen.

Dass in Griechenland die männliche Bevölkerung großenteils homosexuell gewesen sei, ist ein Märchen, das die Abwesenheit eines Tabus überinterpretiert. Die Griechen kannten eine lange Adoleszenz, geheiratet wurde spät, und die Schul- und Lehrzeit schloss Unterricht in

Aspasia aus Milet

erotischen Fragen und Praktiken ein. Das alles geschah unter Jungen und ihren Lehrern, und so gab es eine selbstverständliche homoerotische Phase für alle Jünglinge der Oberschicht, die Unterricht in politischer Rhetorik, Philosophie und schönen Künsten erhielten oder eine sportlich-militärische Ausbildung absolvierten. Die Beziehungen unter den Jünglingen und von Schüler zu Lehrer waren in vielen Fällen nicht mehr als eine erotisch getönte Freundschaft. Eine Eheschließung setzte dann der Tändelei unter den Jungs ein Ende. Die langen Jahre vor der Heirat waren allerdings nicht ausschließlich der Homosexualität geweiht.
Für das kurze Glück im Bett sorgten auch Huren, die von jungen Männern während ihrer Lehrzeit ausgehalten wurden. Die meisten dieser

Mädchen boten sich an, weil sie anders nicht über die Runden kamen, und Geldsorgen sowie Taktiken, ihre Reize zu verfeinern und so mehr Liebeslohn herauszuschlagen, dominierten ihren Alltag. Die Straßendirnen dienten dem einfachen Mannsvolk; ihre Dienste fragten in den attischen Stadtstaaten Schiffbau- und Landarbeiter, Händler, Matrosen und Soldaten nach. Porné war übrigens auch ein Schimpfwort, ganz wie heute in unseren modernen Gesellschaften die ›Hure‹ oder ›Nutte‹. Als Hetäre konnte eine Frau noch irgendwie zurechtkommen und, solange sie jung war, auf einen Ehemann hoffen. Eine Porné aber war völlig marginalisiert, auf sie sahen alle herab. In den Komödien der Zeit treten öfter Huren auf, so die Porphyra des Xeanarchos, aber auch unter den Teilnehmerinnen des Sex-Streiks in der *Lysistrata* von Aristophanes haben Interpreten käufliche Frauen ausgemacht. Die Weibsbilder in den Komödien sind meist selbstbewusst, schnippisch und manchmal witzig. Von daher mag die falsche Vorstellung stammen, die Huren seien im Altertum gut gestellt und klug gewesen. Sie fanden sich eben einfach nur mit ihrer Randständigkeit nicht ab, waren kämpferisch und unverschämt.

»In Aspasia, in Phryne, in Lais bestätigt sich die Überlegenheit der emanzipierten Frau.« Simone de Beauvoir

Der Umgang mit Sexualität war im alten Griechenland unverkrampft. Woher wir das wissen? Zum Beispiel aus den Komödien des Aristophanes, von etlichen Schilderungen nächtlicher Gelage, die uns überliefert sind, aber auch von den Illustrationen, die auf Mosaiken in Villen oder auf den Unmengen von Schalen, Krügen und Tellern aus der alten Zeit übrig geblieben sind. An erotischen Darbietungen hatte man seinerzeit offenbar eine reine Freude. Es gibt viele explizite Darstellungen von Paaren beim Koitus. Außerdem besitzen wir Betrachtungen über die Sitten der Zeit bei den großen Philosophen wie Platon und Aristoteles und bei Historikern wie Xenophon und Thukydides. Manches wissen wir aber auch nicht. Wie lebten Huren in einem Bordell? Wie standen Hetären zu ihrem Beruf? Was geschah mit ihren Kindern? Von ihnen selbst sind keine Aussagen überliefert.

Nicht einmal von Aspasia, der wohl berühmtesten Hetäre des klassischen Griechenlands, die im Alter von zwanzig Jahren nach Athen kam und den Ersten Mann im Stadtstaat, den fast dreißig Jahre älteren

Perikles (495–429 vor Chr.), eroberte. Sie war hochgebildet, lud die Geistesgrößen ihrer Zeit ins Haus des Perikles und beeindruckte sogar den Philosophen Sokrates mit ihrer Klugheit. »Wohl aber war ich erst gestern Zuhörer bei der Aspasia«, erzählt Sokrates durch den Mund seines Schülers und Chronisten Platon. Aspasia besaß eine Gabe, die in der Antike besonders viel zählte: Sie konnte großartige Reden halten. Perikles war ebenfalls ein bedeutender Rhetoriker, ja, er verdankte diesem Talent seinen politischen Aufstieg. In Aspasia begegnete er einer Frau, die ihm gewachsen war und deren Rat er bei allen politischen Entscheidungen einholte. Der geschiedene Staatslenker und Heerführer soll die schöne Hetäre im Jahre 445 vor Chr. geheiratet haben, wobei jedoch andere Quellen nur von einem offen gelebten Konkubinat, nicht von einer Eheschließung berichten. Eins ist aber sicher: Aspasia war die unangefochtene Gefährtin des mächtigen, durch Wahl ins Amt gekommenen Perikles, und sie mischte sich derart in die Staatsgeschäfte ein, dass das Volk von Athen ungehalten wurde.

Wenn man bedenkt, dass diese Frau sich eine Stellung schuf, wie sie im damaligen Athen unerhört war – so verdient sie unsere volle Hochachtung.

Denn Aspasia war Ausländerin. Sie stammte aus Milet in Kleinasien (heute Türkei), einer Kolonie Griechenlands, und zog ungefähr zu jener Zeit nach Athen, als es Perikles gelungen war, eine Dauerfehde mit dem militärisch und wirtschaftlich konkurrierenden Stadtstaat Sparta vorläufig beizulegen. Der Frieden dauerte jedoch nicht lange, eine Provinz nach der anderen verweigerte die Tribute an die Führungsmacht Athen, der Peloponnesische Krieg (ab 431 vor Chr.) warf seine Schatten voraus. Die Athener fingen an, Perikles zu misstrauen, und dachten über seine Abwahl nach, zumal seine Beraterin, diese Frau aus der Fremde, ihnen ein Dorn im Auge war. Man warf Aspasia Götterlästerung vor – damals (und später) ein wohlfeiles Mittel, unliebsame machtvolle Persönlichkeiten kalt zu stellen – und zerrte sie vor Gericht. Sie wurde freigesprochen.

Über Aspasias Jugend und ihren Bildungsweg wissen wir nichts. Sollte sie wirklich als Hetäre gearbeitet haben, muss sie aus eher kleinen Verhältnissen von Milet nach Griechenland aufgebrochen sein, um dort ihr Glück zu machen. Dass sie eine Hetäre war, ist aber nicht einmal

Aspasia im Gespräch mit griechischen Philosophen, Michel Corneille der Jüngere

ganz sicher. Manches spricht dafür, etwa, dass sie alleinstehend in Athen ankam und sich dann einen Beschützer suchte, aber die Bezeichnungen, die ihr in den mannigfachen Kontexten, in denen ihr Name fiel, anhaften, können statt einer Berufsbezeichnung einfach nur Schimpfwörter gewesen sein. Denn beliebt war Aspasia nur in der intellektuellen Schicht, in der sie verkehrte. Das Volk sah in ihr eine Verführerin des Perikles, die von sonstwoher kam, Regeln brach und eigentlich nicht mitreden durfte.

Dass sie das doch tat, dass sie auf Marktplätzen und bei Symposien an den dort stattfindenden Diskussionen teilnahm und somit das Verbot für Frauen, sich in der Öffentlichkeit zu zeigen und zu profilieren, überschritt, spricht für ihren außerordentlichen Mut und ihre Durchsetzungsfähigkeit. Allerdings hätte sie ihre beispiellose Karriere ohne die schützende Hand des Perikles kaum machen können. Perikles starb 429 vor Chr., bald nach Ausbruch des finalen Krieges mit Sparta. Aspasia heiratete nach seinem Tod noch einmal. Über den Verlauf dieser zweiten Ehe gibt es nur unzuverlässige Quellen. Sicher ist, dass Aspasia noch ihren Salon führte und weiterhin als »Lehrerin qualifiziertester Dialektik und Rhetorik« vor allem von Sokrates aufgesucht wurde, der sie seinen Schülern empfahl.

Valeria Messalina *(vor 20–48 n. Chr.)*

Die Königin der Ausschweifung

Die frühe und hohe Kaiserzeit (24 v. Chr. – 284 n. Chr.) bescherte dem Imperium Romanum mit all seinen Provinzen und Satelliten jene Hochblüte von Handel und Kultur, die in den Zentren auch zu Sumpfblüten führte – Dekadenz genannt. Dabei war Rom Mittelpunkt und Vorbild. Die Lebensart der Metropole hatte vielfältige Formen der Unterhaltung herausgebildet – Abendveranstaltungen, Spaßvergnügungen und Kampfsportarten –, in denen Gewalt und Promiskuität akzeptiert wurden. Bis heute sprechen wir mit gemischten Gefühlen von den Darbietungen im Kolosseum: Gladiatoren kämpften nicht nur gegeneinander, sondern auch gegen ausgehungerte wilde Tiere. Blut musste fließen, sonst war das Volk nicht zufrieden mit der Show. Und während der Feste und Bankette waren Prostituierte jederzeit zum Beischlaf verfügbar, zuweilen vor aller Augen. Sie sollen einander sogar auch einmal zu einem Wettspiel besonderer Art herausgefordert haben. Wer von Mitternacht bis Sonnenaufgang die meisten Freier abgefertigt hatte, ging als Siegerin aus dem Turnier hervor. Es machten nicht nur käufliche Frauen mit, auch hochgestellte Damen hatte zuweilen Lust, derart aus sich heraus zu gehen. Die Sitten waren lose geworden. Man ging gerne und überall zu weit.

Ob es tatsächlich so etwas wie Paarungswettbewerbe im alten Rom gegeben hat, ist indes strittig. Historiker wie Seneca, Tacitus, Sueton und Plinius urteilten nach Geschmack oder politischer Parteilichkeit, und so muss man die meisten Berichte über das süße Leben der römischen Oberschicht mit Vorsicht genießen – vor allem die über Valeria Messalina, die im Jahre 41 nach Chr. Kaiserin wurde. Bis heute gilt sie als die große Hure der Antike, ihr Sexhunger soll gewaltig gewesen sein, ihr Männerverschleiß ohnegleichen. Aber wenn man genauer hinschaut, erkennt man, wie wenig gesicherte Quellen es gibt, und wenn es um Sex geht, gar um eine promiske Kaiserin, wird immer gerne etwas hinzuerfunden.

Im Jahre 38 nach Chr. hat Messalina ihren drei Jahrzehnte älteren Cousin Claudius geheiratet, dies immerhin wissen wir. Sie selbst war damals zwanzig Jahre alt, womöglich jünger, sie war schön und lebenshungrig. Es wird erzählt, dass sie jeden Mann zu verführen versucht habe, der in ihre Nähe kam, und dass sie sehr nachtragend sein konnte,

Römische Orgie
zur Zeit von Claudius
und Messalina

wenn ein Mann sich ihr verweigerte. Von Claudius wird berichtet, dass er ihre Eskapaden mit Gleichmut ertrug. Die Staatsgeschäfte und seine Studien – er war ein Büchernarr – nahmen ihn ohnehin dermaßen in Anspruch, dass er sich kaum um Messalina kümmern konnte. Immerhin hatte das Paar zwei Kinder, Octavia und Britannicus.

Als politisches Zentrum war Rom damals ein Intrigendschungel. Einflussreiche alte Familien wie die julisch-claudische Dynastie, aus der auch Messalina stammte, dominierten das politische Leben, und wenn die eine Dynastie an der Macht war, wetzte die andere ihre Messer und aktivierte ihre Spione, um über Meuchelmord oder üble Nachrede einen Wechsel herbeizuführen. Attentate und Verschwörungen waren an der Tagesordnung, und nur wer als Kaiser zugleich ein fähiger Feldherr war und die Kontrolle über das weitläufige Imperium in der

Messalina. Gemälde von Hans Makart, 1875

Hand behielt – was Kriege in den zu Aufständen neigenden Provinzen einschloss –, konnte sich behaupten. Claudius war ein umsichtiger Verwalter, er reformierte das Justizwesen und festigte durch die Eroberung Britanniens nachhaltig seine Position. Auch bei der Beseitigung von Rivalen, die meist ohne große Umstände hingerichtet wurde, bewies er Durchsetzungskraft. Er regierte bis 54 nach Chr.

Seine viel jüngere Gattin Messalina war zu der Zeit schon tot. Sie hatte sich im Jahre 46 in den attraktiven Senator Gaius Silius verliebt, womöglich aber war es auch ein politischer Schachzug, dass sie sich mit ihm verband, denn er galt als der kommende Mann. Claudius hingegen schien an Anhängerschaft zu verlieren. Manche Quellen sprechen davon, dass sich Messalina sogar mit Silius verheiratet habe, wobei unklar geblieben ist, ob sie von Claudius geschieden war oder nur von ihm getrennt lebte. Ein Komplott zur Beseitigung ihres Gemahls soll sie indes nicht geschmiedet haben. Als Illoyale wurde sie gleichwohl für vogelfrei erklärt und in ihrem eigenen Garten sozusagen legal von einem Untergebenen ihres Mannes erdolcht – nachdem sie kurz zuvor mit einem Selbstmordversuch gescheitert war.

Zu Lebzeiten hatte Valeria Messalina ein stattliches Vermögen angehäuft. Eine besondere Einnahmequelle war der Handel mit Freilassungsurkunden für ehemalige Sklaven, die sich militärisch hervorgetan hatten und nun das Bürgerrecht anstrebten. In dieser Grauzone der Korruption bereicherte sich Messalina ohne Bedenken, zugleich sorgte sie durch rechtzeitige Mordaufträge dafür, dass ihr niemand in die Quere kam. Ihren Reichtum verwendete sie für ein luxuriöses Leben zwischen üppigen Festgelagen und ausgelassenen Badefreuden.

Messalina gilt als Paradebeispiel für sittliche Verderbtheit und Dekadenz des römischen Imperiums.

Es war immer sie, die ihr Begehren anmeldete und auf Erfüllung bestand; weibliche Zurückhaltung, auch im alten Rom als Frauentugend erwünscht, kannte sie nicht. Der berühmte Komödiant Mnester wollte sich ihr verweigern, aber er überlegte es sich dann doch anders. Messalina hatte nämlich ihren Mann, den Kaiser, dazu angestiftet, widerspenstige oder zögerliche Jünglinge, auf die sie ein Auge geworfen hatte, zu bedrohen, und zwar mit dem Tod. Im Gegenzug führte sie Claudius junge Sklavinnen zu und richtete im kaiserlichen Palast ein teuer ausgestattetes Bordell ein. Sie soll Damen der Aristokratie dazu genötigt haben, im Beisein ihrer Gatten den Koitus mit Fremden zu vollziehen. Es wird ferner berichtet, dass die Kaiserin sogar aus der Selbsterniedrigung Lust geschöpft habe. So soll sie, getarnt durch eine blonde Perücke und den Namen Lycisca (= Wolfsfrau), nächtens in ein gewöhnliches Bordell geschlüpft sein, um dort unerkannt Dienst zu tun.

Wem all dies monströs erscheint und kaum vereinbar mit einer so verfeinerten Hochkultur wie der spätrömischen, der bedenke, dass die Einstellung zur Sexualität in der damaligen Zeit eine animalische Direktheit behalten hatte und noch nicht mit der schweren Hemmung belastet war, die das Christentum seiner Welt auflud, in der sich Sex auf Sünde reimte. Messalina wollte aus dem Hintergrund, in den Frauen zu ihrer Zeit verbannt wurden, hervortreten und dabei sein, wenn es um die

Verteilung von Macht, Einfluss und Privilegien ging. Dabei sicherte sie sich zunächst die Befriedigung ihrer eigenen obsessiven Wünsche, und diese kreisten um Sex und die Macht, die aus intimen Beziehungen erwachsen kann. Geschickt manipulierte sie die von ihr abhängigen Männer – wobei sie es stets auf eine doppelte Abhängigkeit abgesehen hatte: eine sexuelle und eine politische. Aber sie hatte wohl auch einfach Spaß an der Ausübung von Macht, die darin bestand, sich Männer, die sie begehrte, gefügig zu machen – auch wenn keinerlei politischer Mehrwert dabei heraussprang. Messalina wollte in der höchsten Liga mitspielen, sie erfand neue Formate der Unterhaltung und der Provokation, gewann Macht, verlor sie wieder und ging am Ende unter – wie so viele Männer und nur wenige Frauen vor und nach ihr auf den politischen Bühnen des Imperiums.

Messalina wollte aus dem Hintergrund, in den Frauen zu ihrer Zeit verbannt wurden, hervortreten und dabei sein, wenn es um die Verteilung von Macht, Einfluss und Privilegien ging.

Kein Wunder, dass das Volk von Rom Messalina nicht liebte, zu viele Gerüchte über ihr sittenloses Treiben schwirrten durch die Stadt. Noch schlimmer waren ihre Verschwendungssucht und Grausamkeit. Also trauerte außerhalb ihrer Familie niemand um die Kaiserin, die so jung hatte sterben müssen, vielmehr hoffte man, dass Claudius mit der nächsten Ehefrau, seiner Nichte Agrippina, eine loyalere Gefährtin haben würde. Es kam anders. Agrippina vergiftete Claudius, und ihr Sohn Nero, der sodann an die Macht strebte, heiratete Messalinas Tochter Octavia und beseitigte Messalinas Sohn Britannicus, seinen Rivalen um die Kaiserwürde. Als sich Nero, inzwischen an der Macht, erneut verliebte, ließ er auch Octavia liquidieren. Später musste sogar wegen politischer Differenzen, seine eigene Mutter dran glauben. Nero war offenbar aus demselben Holz geschnitzt wie seine Schwiegermutter Messalina. Kein Kaiser verfolgte die junge Glaubensgemeinschaft der Christen so erbarmungslos wie er. Schließlich setzte dieser letzte Spross der julisch-claudischen Dynastie Rom in Brand, und die Dekadenz trat in ihr nächstes Stadium ein.

Bildnis der Messalina von J.-L. Allais, o. J.

Veronica Franco (1546–1591)

Dame der Feder und des Boudoirs

Venedig war im 16. Jahrhundert nicht nur eine bedeutende Seemacht und führend in Schiffbau und Handel, die ›Serenissima‹ war auch ein Magnet für alle Jünger der schönen Künste – vor allem für Maler, aber auch für Architekten, Musiker, Dichter und Theaterleute. Die Renaissance hatte hier sozusagen einen Vorposten. Der Einfluss der Kirche und ihrer Gebote, ein gottwohlgefälliges Leben zu führen, schwand – nicht ganz und gar, aber er verlor an Verbindlichkeit. Die Menschen entdeckten sich selbst und die anderen ohne den Umweg über Gott. Mit der Wiedergeburt der Antike, jener fast versunkenen Epoche der Humanität und der Lebenskunst vor dem Siegeszug des Christentums, kehrten die Sinnlichkeit, der Kunstgenuss und die weltliche Lebenslust in die Sphäre der erlaubten, ja erstrebenswerten Daseinsentwürfe zurück. Die Republik Venedig gewann Seeschlachten (gegen die Türken) und baute ihr Handelsnetz aus, sie errichtete prächtige Palazzi, baute Brücken über ihre Kanäle, verfeinerte die Glasbläserei, förderte erfindungsreiche Manufakturen für die Herstellung von Stoffen, Gewändern und Schmuck aller Art – und feierte Feste. Der Karneval von Venedig präsentierte zur Zeit seiner Hochblüte im 16. und 17. Jahrhundert eine enorme Fülle von Tanzfesten, Theateraufführungen, Wettkämpfen und Maskeraden und uferte zeitlich weit über Fastnacht und die folgenden Tage hin aus. Man konnte am Lido einfach nicht aufhören, sich zu amüsieren. So sprachen denn auch viele Besucher Venedigs von einem Karneval ohne Grenzen und ohne Ende.

Zu dieser Freude an der Ausschweifung gehörten auch Prostituierte. Den Venedig-Tourismus des 16. Jahrhunderts, dem auch die gekrönten Häupter Rest-Europas frönten, hätte es ohne die weltweit berühmten Kurtisanen der Stadt kaum gegeben. Die Republik führte sogar ein Register über die eingetragenen Huren mit deren Namen, Anschriften und Preisen. Sicher galt diese Liste auch der Kontrolle, aber gedacht war sie zuvorderst, um den Freiern die Auswahl zu erleichtern. Im Jahre 1565 wurde in diesen ›Katalog aller ausgezeichneten und ehrbaren Kurtisanen von Venedig‹ eine gewisse Veronica Franco aufgenommen, 21 Jahre alt, sehr schön, sehr teuer und erfahren im Gewerbe.

Veronica kam 1546 in der Lagunenstadt als Tochter eines Kaufmanns zur Welt. Ihre Mutter war ebenfalls Kurtisane gewesen und lehrte die

Venedig um 1595,
Riva degli Schiavoni
(Ausschnitt), Leandro
Bassano

Tochter schon früh alle Künste und Kniffe, die für eine Laufbahn als Lebedame wichtig waren. Im Venedig der Renaissance hatten sich die ersten, von gebildeten Frauen geführten Salons etabliert, das liberale Klima der Republik ließ Frauen – natürlich nur die Töchter des Adels – an Akademien und anderen Lehranstalten zu. Die Entfaltung weiblicher Talente war möglich geworden und galt nicht mehr als ungewöhnlich. Christine de Pizan, eine französische Schriftstellerin des 15. Jahrhunderts, stammte aus Venedig, Cassandra und Gaspara Stampa brachten

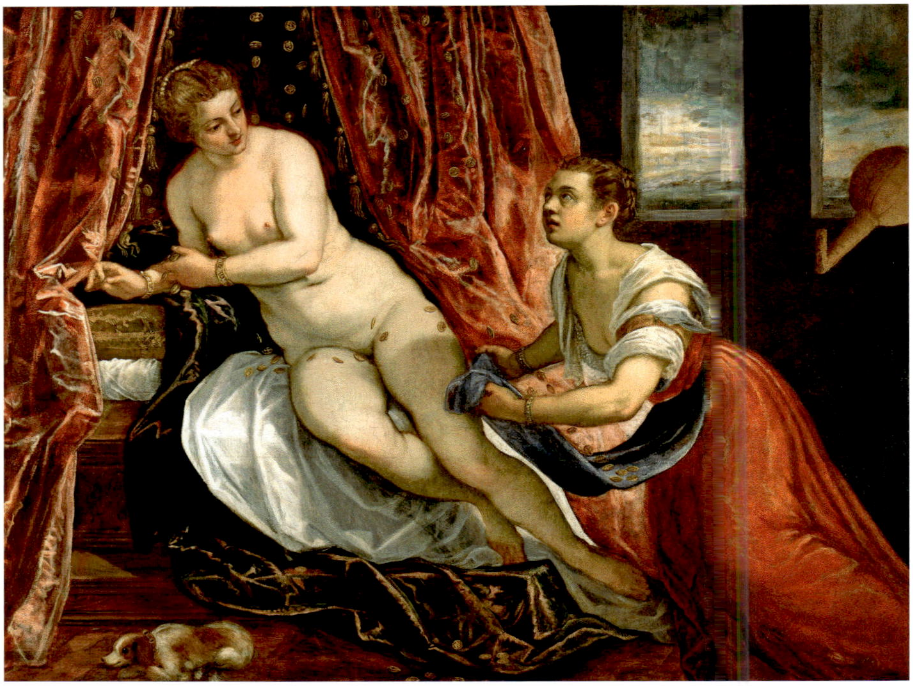

Danaë, Tintoretto, ca. 1570, Veronica Franco (rechts) und Danaë

es in der Serenissima zu Ruhm in der Dichtkunst, Isabella Cortese, Zeitgenossin von Veronica Franco, schrieb ein alchimistisches Rezeptbuch. Auch Franco versenkte sich früh in Studien der Philosophie und der Geschichte. Solche höhere Bildung war für eine venezianische Kurtisane jener Zeit nicht nur ein apartes Extra, sondern Voraussetzung für den Erfolg im Beruf. Den Kunden ging es nicht schlicht um Triebbefriedigung, sie wünschten Damen, mit denen sie sich im Theater oder auf dem Markusplatz sehen lassen und die ihnen im Gespräch etwas bieten konnten. Natürlich galt dieses Berufsprofil nur für Edelkurtisanen. Die Straßenmädchen, die auf die Nachfrage der Arbeiter von der Werft Arsenal oder von den Glasbläsereien warteten, hatten ein härteres Leben.

Veronica, unterstützt und gelenkt von ihrer ehrgeizigen Mutter, las und lernte gemeinsam mit ihren drei Brüdern. Mama bestand auf gleichen Rechten in der Erziehung ihrer Kinder, die Tochter sollte ebenfalls Wissen erwerben. Diese nahm alles bereitwillig auf, nicht aus Pflichtgefühl, sondern aus Neugier, sie war ein intelligentes Mädchen. Erste Gedichte entstanden. Aber die junge Poetin war auch sehr reizvoll. Das berühmte Porträt, das Jacopo Tintoretto – zugleich ein Freund der Franco – von ihr malte, zeigt die Schöne in prächtiger Gewandung mit Perl- und Edelsteinschmuck, das rostbraune Haar zurückgekämmt, den kleinen Kirschenmund wie zum Kuss gespitzt, den Blick der großen dunklen Augen verträumt in die Ferne gerichtet. Ein Kindergesicht. Oder auch einfach nur ein junges apartes Antlitz. Auffallend ist die hohe Stirn. Ein Bewunderer sagte einmal: »Des Menschen Auge erträgt kaum den Glanz ihrer Stirn.«

Dass die Ehe das Los der Frau sei – diese Überzeugung war auch in Venedig unangefochten. Mit siebzehn heiratete Veronica den Arzt Paolo Panizza, sie bekam zwei Kinder, ertrug aber ihr Leben als Ehefrau nicht, verlangte bald die Scheidung und setzte sie auch durch. Das war damals – weltweit wohl eine Ausnahme – für Frauen möglich. Allerdings konnte sie auf keinerlei Abfindung rechnen. So blieb nur der Schritt in die Halbwelt. Veronica tat ihn nicht ungern. Sie begleitete hochgestellte Persönlichkeiten und verdiente gutes Geld, als Mätresse des Poeten Domenico Venier wurde sie in der Stadt bekannt. Sie war in dessen illustrem Salon aufgetaucht, um ihre Gedichte vorzutragen und an den Debatten zu Fragen der Zeit teilzunehmen. Bald gehörte sie zum Kreis der ›literati‹, sammelte und sichtete eigene und fremde Lyrik und betreute als Redakteurin verschiedene Anthologien. Nachgewiesen ist ihre Korrespondenz mit dem französischen Philosophen Michel de Montaigne. Aber Franco war nicht nur eine Frau der Feder, sie war auch eine Dame des Boudoirs und zugleich die eleganteste Erscheinung Venedigs. »Sie war schön und tonangebend in Kleidung und Lebensstil und war die einzige Frau ihrer Zeit, der es gelang, König Heinrich III. von Frankreich zu verführen – der eigentlich Männer bevorzugte.« So Nils Johan Ringdahl in seinem Buch *Die neue Weltgeschichte der Prostitution*.

»Wir lebten für die Liebe, die Lust und die Schönheit, Vergnügen war unsere einzige Pflicht.« Veronica Franco

1575 veröffentlichte Franco ihren Gedichtband *Terze Rime*, eine Sammlung erotischer Verse – von ihr selbst und anderen. Im selben Jahr brach die Pest aus. Veronica flüchtete mit ihren Kindern aus der Stadt und fand, als sie zwei Jahre später zurückkehrte, ihr Haus zerstört und ihre Habe geraubt. Auch von ihrer großen Bibliothek, die zu den besten

Symbolische Darstellung der sinnlichen Freuden, um 1600

privaten Sammlungen Europas gehört haben soll, war nichts übrig geblieben. Durch die Unterstützung ihres wohlhabenden Gönners Venier konnte sie mit ihren drei Kindern – wie viele es ursprünglich gewesen waren, ist unbekannt, sie hatte einige im Kleinkindalter verloren – wieder Fuß fassen. Franco begab sich erneut an die schriftstellerische Arbeit, sie bereitete eine Sammlung von Briefen zur Herausgabe vor: von ihr selbst, ihren verschiedenen Liebhabern und Freunden; der französische König war auch mit dabei. Es versteht sich, dass intime Details aus dem Privatleben der Beteiligten angesprochen wurden. Kaum war das Buch 1580 erschienen, als es auch schon für Ärger sorgte. Es war der Nachhilfelehrer ihres eigenen Sohnes, der Franco beim Vatikan anschwärzte – mit Erfolg. Dort indizierte man nicht nur ihr Buch, man klagte die Autorin obendrein der Hexerei an. Ihrer eigenen rhetorisch brillanten Verteidigung und der Unterstützung ihrer zahlreichen Freunde war es zu danken, dass die Anklage fallen gelassen wurde. Fortan aber war Francos Ruf irreparabel geschädigt. Im Übrigen näherte sie sich mit vierzig Jahren der Altersgrenze für erstklassige Kurtisanen. Als Venier wenige Jahre später starb, stand Franco vor dem Nichts. Sie zog sich in ein armes Viertel von Venedig zurück, lebte dort unter einfachen Leuten und Straßenhuren und starb 1591 im Alter von nur 45 Jahren. Die Serenissima hatte eine ihrer glänzendsten Erscheinungen einfach vergessen. Der Tanz in der Stadt der Träume war ausgetanzt, wie eines ihrer Gedichte lautete.

»Wir tanzten jung in einer Stadt der Träume,
Venezia, Paradies, stolz und süß.
Wir lebten für die Liebe, die Lust und die Schönheit,
Vergnügen war unsere einzige Pflicht.
Schwebend so leicht zwischen Himmel und Erde
tranken wir reichlich gesegnetes Glück.
Wir hielten uns selbst für unsterblich,
war unser Ruhm doch mit Gottes Siegel versehn.
Doch der Himmel ist eine verletzliche Zone,
der Mensch in seiner Furcht erreicht ihn nie.«

Ninon de Lenclos *(1620–1705)*

Lebedame, Philosophin, Freundin

Zwei Kavaliere unterhalten sich über eine Dame. Der eine versteht nicht, weshalb jedermann von dieser Frau schwärmt; ihre Verführungskünste, meint er, würden ihn sicher kalt lassen. Der andere, ein Freund und ehemaliger Liebhaber der Lebedame, wettet, dass auch der Zweifler ihr keinesfalls widerstehen könne. Er bemühte sich um ein Rendezvous. Die Dame stimmt einem Treffen zu. Sie widmet dem jungen Mann ihre ungeteilte Aufmerksamkeit, hört ihm zu, stellt ihm Fragen, will wissen, was er für ein Mensch ist. Er präsentiert sich von seiner besten Seite, und er gefällt ihr, das zeigt sie auch, doch dabei bleibt sie gelassen. Als der junge Mann ihr nach einer Weile seine leidenschaftliche Liebe gesteht, bittet sie ihn, noch einige Wochen zu warten, bis sie sich in den Armen halten können, was er ungeduldig akzeptiert. Als es so weit ist und so weit kommt, fragt er sie anschließend nach dem Grund des Aufschubs. »Weil ich heute Geburtstag habe. Und weil ich mir beweisen wollte, dass ich im Alter von siebzig Jahren noch immer einen Mann glücklich machen kann.« Die Liaison währte ein Jahr – danach blieben sie Freunde.

Was für eine Frau! Schön in Geist und Aussehen, großzügig und zugleich bescheiden, fröhlich und charismatisch, mit Verstandes- und Herzensbildung. Hätte sie nicht tatsächlich gelebt – so stellte man sich den freien Menschen im Paradies vor. Die Rede ist von Anne de Lenclos, genannt Ninon, geboren 1620 in Paris. Ninon de Lenclos muss eine sehr lustvolle Frau mit einer starken Anziehungskraft gewesen sein, eine richtige Vatertochter. Denn der Vater war ein sinnenfroher Mensch, ein Offizier von einfachem Adel aus der Provinz. Er liebte die Musik und die Literatur, aber auch das Spiel, den derben Spaß und den Kampf, ein echter Haudegen. Als er im Duell einen Mann tötete, musste er Paris verlassen. Die Mutter, fromm und streng – sie entstammte einem alten Adelsgeschlecht –, will ihr einziges Kind gottesfürchtig erziehen, doch das misslingt, Ninon wird sich später entschieden atheistisch äußern. Doch ihrer Mutter zuliebe geht sie öfter mal zur Messe. Aufgehoben in tiefer Geborgenheit bleibt sie ihr Leben lang den Eltern in großer Dankbarkeit verbunden. Sie orientiert sich am Leitspruch des Vaters: »Die Fröhlichkeit des Geistes zeugt von seiner Kraft.« Er fördert die Talente seiner Tochter durch körperliche Ertüchtigung und geistige Bildung,

Ninon de Lenclos, Kupferstich von Louis Charles Ruotte
nach einem Gemälde von Pierre Mignard

Ninon de Lenclos im Alter von zwanzig und vierzig Jahren

und er macht sie mit den Philosophen Epikur und Montaigne vertraut. Die moralphilosophischen Werke Michel de Montaignes liest Ninon bereits mit zwölf Jahren, lernt mögliche Lebensentwürfe der Geschlechter kennen und entscheidet sich *»de se faire homme«*:

»Seit ich von meiner Vernunft Gebrauch mache, habe ich erforscht, welchem von beiden Geschlechtern die schönere Rolle zugefallen ist. Darum zähle ich mich lieber zu den Männern.«

Mit siebzehn Jahren ist das Einzelkind Waise, ihr Erbe fällt nicht üppig aus, das Geld legt sie als Leibrente an. Dank dieser klugen Entscheidung kann sie standesgemäß leben. Sich dem Zeitgeist widersetzend, der meist politische und finanzielle Interessen in den Vordergrund stellt, folgt sie bei ihrer Lebensführung gern ihrer Sinnlichkeit. Die Liebe ist für sie eine fundamentale Macht, die uns Menschen zueinander drängt, und sie ist in ihren Augen vor allem das Bedürfnis nach sinnlichen Genüssen, ein Gefühl, das keine Verdienste erwartet, eine Laune, deren Dauer nicht in unserer Macht steht und die sich jäh in Abneigung und Reue verkehren kann. »Die Liebe, um uns glücklich zu machen, muss nicht als eine ernsthafte Affäre, sondern als eine leichte und heitere Sache aufgefasst werden. Fast möchte ich von der Liebe sagen, was man vom Geld behauptet, nämlich dass sie ein guter Diener, aber ein schlechter Herr ist.« Ihre Haltung stützen die Traktate Montaignes und René Descartes', die ein Menschenbild zeichnen, das sich durch Redlichkeit und Anstand, einer Hemmung der Gemütsbewegungen und Zügelung der Leidenschaften auszeichnet. Nicht der eigene Vorteil, sondern Bildungs- und Seelenadel sind erstrebenswert. Ninon de Lenclos war in diesem Sinn keine Kurtisane, die etwas gab, um etwas zu bekommen. Es ging ihr nicht um ein ›um zu‹, ihr unabhängiges selbstbestimmtes Leben war bereits das Eigentliche, das Leben ›an sich‹, das sie führen wollte. Dabei kam es ihr mehr auf Lebenslust an als auf Leidenschaft. Denn letztere nähme Kontrollverlust oder gar den Exzess in Kauf, nein, für *liaisons dangereuses* war Ninon viel zu vernünftig.

»Der Widerstand einer Frau ist nicht immer der Beweis ihrer Tugend. Oft ist er ein Beweis ihrer Erfahrung.«
Ninon de Lenclos

Madeleine de Scudéry beschreibt Ninon als Clarisse in ihrem Roman *Clélie* so: »Ihr Geist ist fröhlich, sie plaudert gern, lacht herzlich, freut sich über Kleinigkeiten und liebt es, ihre Freunde zu necken. Nie stiftet sie Zwistigkeiten, ist stets uneigennützig und beständig in ihrer Zuneigung.« Als ihr einmal Baron de Gourville, ein Liebhaber, der aus der Stadt flüchten muss, die Hälfte seines Vermögens anvertraut – die andere Hälfte gibt er einem Priester zu treuen Händen – und nach Jahren zurückkommt, hat der Geistliche das Geld veruntreut, sie aber hat es verwahrt. Aufrichtig wie immer gesteht sie ihm: »Ich habe während Ihrer Abwesenheit den Geschmack an Ihnen verloren, aber nicht mein Gedächtnis.« Lachend überreicht sie ihm die Geldkassette mit den Worten: »Ich bin nur eine Kokotte und kein Priester.«

Bei der Auslese ihrer Liebhaber spielen Status, Einfluss oder der Name keine Rolle, allein die erotische Attraktivität, Charme und Esprit geben den Ausschlag. Sie wählt ihre Liebhaber selbst und sie ist anspruchsvoll. Niemals hatte Ninon mehr als einen Geliebten zugleich, aber wenn sie des erklärten Liebhabers müde war, sagte sie es ihm frei heraus und nahm sich einen anderen. Bewerbern, die ihr nicht gefielen, gab sie einen Korb, selbst wenn es sich dabei um einen Kardinal handelte. Auch in diesem Sinne passt das Etikett Kurtisane nicht zu ihr. Ninon de Lenclos nahm sich die Freiheit, nach ihrem Geschmack zu leben und zu lieben. Ihre Gunst gewährte sie ohne Vergütung und sie blieb stets finanziell unabhängig. Noch reizvoller als ihr Antlitz war ihr Geist; dabei war sie eine sehr schöne Frau, was nicht wenige Zeitgenossen, Frauen wie Männer, bekundeten.

Wer einmal zu ihren Freunden gehört, kann sich ihrer Treue sicher sein. Sie ist weder nachtragend noch rachsüchtig, und sie schätzt Freundschaft höher noch als Liebe. Dabei hält sie es mit Epikur: »Unter allem, was Weisheit zur Glückseligkeit beitragen kann, ist die Fähigkeit, Freundschaft zu gewinnen, bei weitem die bedeutendste.«

»Die Weiber wollen für unüberwindlich gehalten sein, aber sie wollen nicht, dass man so handle, als ob man's glaube.«

Ninon de Lenclos

Ninon heiratet nie und geht keinerlei feste Bindungen ein, hat jedoch bis ins hohe Alter unzählige Liebschaften, die sie *caprices* nennt und nicht besonders ernst nimmt. An der Erziehung und Pflege der Kinder, die sie bekommt, liegt ihr nichts; das überlässt sie den jeweiligen Vätern. Ihre Freiheit ist ihr sehr wichtig und auch in Liebesdingen ist sie souverän. Das bedeutet aber nicht, dass sie unverbindlich ist, *au contraire*. Stets bleibt sie maßvoll, genießt gutes Essen, doch niemals Wein, und bleibt sesshaft, wie der von ihr geschätzte Epikur. In Paris lebt sie inmitten einer ausgesuchten Wahlverwandtschaft, wohltätig gegenüber den Freunden, milde und gerecht gegenüber ihren Feinden.

Ninon de Lenclos spielt die Laute und das Clavichord, beherrscht mehrere Fremdsprachen, darunter Italienisch und Spanisch, ist witzig und schlagfertig. Kein Wunder, dass sie am Hof des Sonnenkönigs Ludwig XIV. schon bald gesellschaftliche Achtung erlangt. Eine Einladung in ihren ›Gelben Salon‹ ist für die Gäste eine große Ehre. Die Salons des 17. Jahrhunderts waren ein Ort, wo unter weiblicher Regie über gesellschaftliche Themen diskutiert wurde, auch über die Geschlechterfrage, aber alles, so ein Habitué, »spielte sich bei ihr mit so viel Respekt

Das alte Paris mit Hôtel de Ninon de Lenclos (Haus mit Baum), 1855

und Anstand ab. Dadurch gelang es ihr, die vornehmsten Männer des Hofes als Freunde zu gewinnen. In ihrem Haus gab es weder Glücksspiel noch Streitigkeiten oder gar religiöse oder politische Dispute. Alles war hier leicht, zart und angemessen«.

Zu ihren Freunden gehörten Madame de Maintenon, die letzte Mätresse Ludwig XIV., Königin Christine von Schweden, Madame de Sévigné – ihr Mann war einst Ninons Liebhaber, ihrem Sohn gab sie Galanterieunterricht – und viele andere. Sie erkennt und fördert das Talent des elfjährigen François-Marie Arouet, der sich später Voltaire nennt, und inspiriert den Dramatiker Molière zu seinem Werk *Der eingebildete Kranke*. Für den Komödienautor Paul Scarron, der ihr auch einige Verse widmet, war sie »das erstaunlichste Mädchen dieses Jahrhunderts«.

Ninon de Lenclos war ein langes Leben beschieden. Als sie mit 85 Jahren starb, trauerten all ihre vielen Freunde. »Ihr Haus«, so der Marquis de Fare in seinem Nachruf, »war noch in der letzten Zeit ihres Lebens das einzige, wo man Geistesgaben zu würdigen verstand und wo man ganze Tage ohne Spiel und ohne Langeweile verbringen konnte.«

Madame de Pompadour (1721–1764)

Maitresse en titre

Sie war eine große Schönheit, vielleicht sogar die schönste Frau Frankreichs, mit Sicherheit die reizvollste von ganz Paris – eine mädchenhaft zarte Figur, ein ovales Gesicht, blassrosa Teint und große, weit auseinander stehende Augen. Im 18. Jahrhundert dichteten die Porträtmaler fast jedem ihrer menschlichen Motive ein Doppelkinn an. Das war so üblich, es entsprach der Mode und sollte vielleicht Wohlhabenheit und hohen Rang ausdrücken. Bei Madame de Pompadour aber verzichteten sie darauf. Es hätte die jugendliche Feinheit und Harmonie ihres Gesichtes dann doch beeinträchtigt. Einzig der Künstler Jean-Marc Natter, der sie 1746 als Jagdgöttin Diana malte, konnte dem Zug der Zeit nicht widerstehen und verpasste ihr ein Doppelkinn – allerdings ein sehr kleines.

Damals war die 1721 als Jeanne-Antoinette Poisson in Paris geborene Dame schon ein Jahr lang die Mätresse des Königs, und sie sollte es fast zwanzig Jahre bleiben – zur Überraschung aller, die ihre Karriere beobachteten. Denn Jeanne-Antoinette entstammte dem Bürgertum. Ihr Vater hatte sich vom Kutscher zum Hoflieferanten emporgearbeitet, Jeanne wuchs in gesicherten Verhältnissen auf. Zumal sie sozusagen zwei betuchte Väter hatte. Als der alte Poisson wegen gewisser Unregelmäßigkeiten ins Exil gehen musste, übernahm der mutmaßliche leibliche Vater Jeannes, der Steuerpächter Charles François Paul le Normant de Tournehem, die Vormundschaft für das Mädchen. Ihre Erziehung im Ursulinen-Kloster von Poissy überstand sie ohne schlimme Folgen. Sie war sich ihrer selbst stets erstaunlich sicher. Ihre Mutter, Louise-Madelaine de la Motte, eine äußerst lebenslustige Person, hatte die Neunjährige zu einer Wahrsagerin gebracht und sich die Zukunft der Tochter vorhersagen lassen. Jeanne, so die Weissagung, werde dereinst die Geliebte des Königs sein. Daran glaubten sie alle: Mutter, Vater, Bruder und sie selbst. Man nannte sie ›Reinette‹, kleine Königin. Was konnte ihr schon geschehen?

Jeanne-Antoinette Poisson war klug und zugleich unverbildet genug, um sich vom höfischen Zeremoniell nur bedingt beeindrucken zu lassen.

Doch erst einmal musste geheiratet werden. Jeannes Vormund und mutmaßlicher Vater verkuppelte sie mit seinem Neffen, dem Untersteuerpächter Charles-Guillaume Le Normant, der als klein und hässlich geschildert wird und der hübschen Jeanne nicht gefiel. Aber er war eine gute Partie, und Jeanne gab ihr Jawort. Sie wurde Mutter zweier Kinder, die beide früh starben.

Der Ehestand hinderte eine ehrgeizige Frau seinerzeit nicht daran, ihren Aufstieg bei Hofe, sofern sich Möglichkeiten boten, zu betreiben, ja, er war sogar eine Art Bedingung. Als verheiratete Frau konnte Jeanne sehr wohl im Milieu der höfischen Feste zeigen, wie schön sie war. Es gab Anlässe, zu denen auch bürgerliche Personen geladen wurden. Und da Jeanne außerdem eine intelligente Frau mit einer für ihre Zeit und ihr Geschlecht recht guten Bildung war, standen ihre Chancen, das Interesse des Königs zu erregen, nicht schlecht. Ludwig XV. war in den Augen vieler Historiker ein eher schwacher Monarch, dessen größte Schwäche die Frauen waren. Er sah nicht übel aus, und Jeanne, die sich lange genug mit einem unattraktiven Gatten als Bettgenossen hatte begnügen müssen, sehnte sich gewiss nach der Umarmung eines stattlicheren Kavaliers. Sie fuhr in einer Kutsche am Wald des Königs entlang, wenn Ludwig auf der Jagd war, und sorgte dafür, dass er sie wahrnahm. Und das tat er. Seine damalige Mätresse, Marie-Anne de Mailly-Nesle, passte allerdings auf und ließ die Rivalin von der Jagdroute ihres Geliebten entfernen. Doch als diese Dame starb, wies Ludwig seinen Hofmeister an, die Schöne vom Waldrand zum nächsten Kostümfest einzuladen. Jeanne kam, trat vor ihn hin und nahm ihre Maske ab. Er schaute ihr ins Gesicht und war auf der Stelle von ihr eingenommen. Als sie ihm im September 1745 erstmals in Versailles

Die ›Reinette‹, die kleine Königin, im Alter von 24 Jahren. Jean-Marc Nattier, 1745

offiziell vorgestellt wurde, war sie schon seit einem halben Jahr seine Geliebte.

Ludwig hatte nicht die Absicht, sich von seiner bildschönen Eroberung bald wieder zu trennen. Stattdessen erhob er sie in den Rang der ›Maitresse en titre‹, seiner sozusagen offiziellen Geliebten, deren Nähe zum König offen gezeigt werden durfte. Dazu gehörten für die Auserwählte ein eigenes Anwesen und ein Titel, in Jeannes Fall war das die ›Marquise de Pompadour‹. Ludwig kümmerte sich nicht darum, dass seiner Jeanne all diese Privilegien eigentlich nicht zustanden, da sie aus dem Bürgertum kam. Er war verliebt und er wusste genau, was er tat. Jeanne sah nicht nur hinreißend aus, sondern sie war klug und zugleich unverbildet genug, um sich vom höfischen Zeremoniell nur bedingt beeindrucken zu lassen. Sie kannte die Regeln, aber sie brach sie auch lustvoll – und das gefiel Ludwig. Die beiden waren ein eng verbundenes Paar bis 1751. Danach suchte der König neue erotische Abenteuer. Aber Madame de Pompadour blieb bis zu ihrem Ende die ›Maitresse en titre‹ und weitete mit Zustimmung Ludwigs ihren Einfluss auch in Politik und Kultur des Landes stetig aus. Vor allem ihre Bautätigkeit ist bis heute berühmt. Sie unterstützte die Porzellanmanufaktur de Sèvres und förderte Schriftsteller und Philosophen wie Jean-Jacques Rousseau und Voltaire, ferner Denis Diderot und Jean Baptiste d'Alembert, die Autoren der *Enzyklopädie*.

»Es ist leichter für schöne Frauen, keusch zu sein, als für keusch zu gelten.« Madame de Pompadour

Zu Jeannes Erfolg trug auch ihre soziale Klugheit bei. So vermied es die Pompadour, sich die Königin, die es schließlich auch noch gab, zur Feindin zu machen. Stattdessen tat sie sich mit ihr zusammen und brachte sie dazu, sie zu ihrer Hofdame zu ernennen. Die Königin Maria gebar zehn Kinder, und es ist anzunehmen, dass die Marquise, die nach ihren beiden ehelichen Geburten kinderlos blieb, der Monarchin bei den dynastischen Fragen der Thronfolge eine zugewandte Ratgeberin war. Dem König war sie es vor allem in außenpolitischen Fragen. Im Siebenjährigen Krieg trat sie als Diplomatin hervor. Sie veranlasste ein Bündnis mit Österreich – gegen Preußen und England, doch führten die militärischen und politischen Schritte, die sie einleitete, nicht zum Sieg.

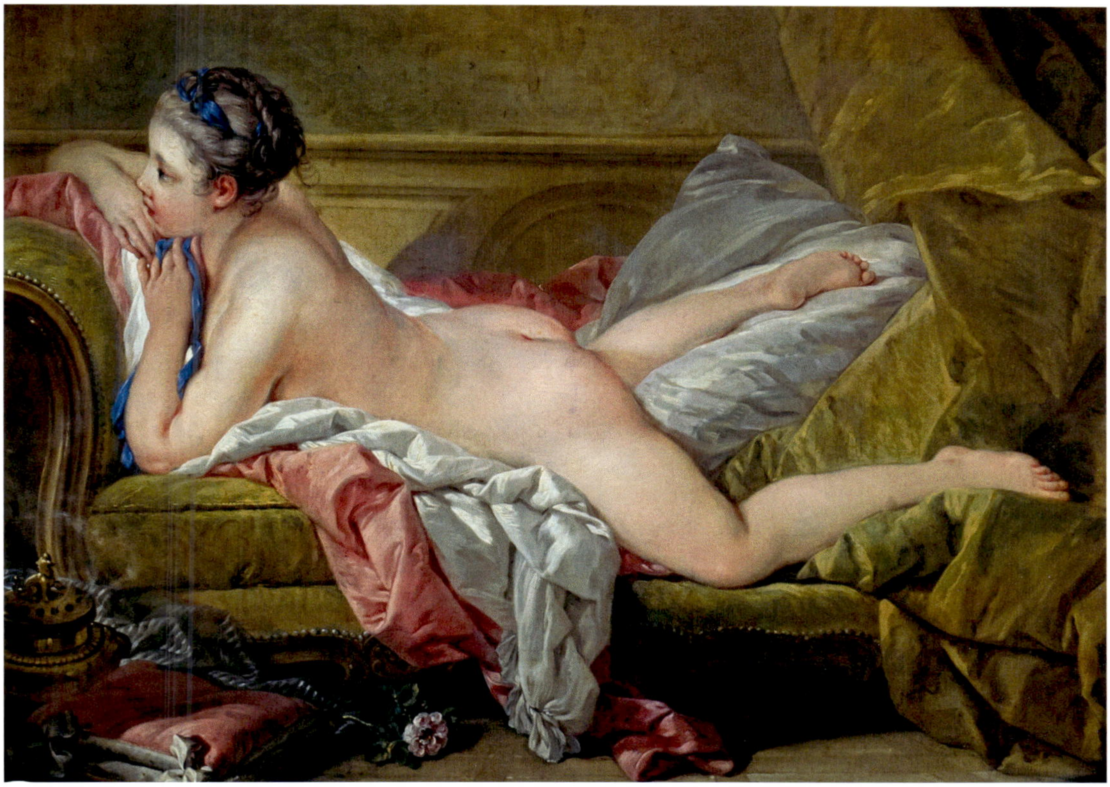

Marie-Louise O'Murphy, eine der Mätressen Ludwig XV. Gemälde *Ruhendes Mädchen* von François Boucher, 1751

Die ultrakatholische Opposition am Hof verurteilte Ludwigs Luxus und sein Mätressenwesen und verabscheute die Pompadour. Doch als die Marquise und der König nicht mehr miteinander schliefen, ging es mit den Liebhaberinnen erst so richtig los. Vielleicht um die Kontrolle zu behalten, vielleicht auch aus Zuneigung zu ihrem königlichen Gefährten organisierte die Pompadour einen regelrechten Harem für den sexbesessenen König, ›Hirschpark‹ genannt. Sie ließ ihm attraktive junge Mädchen aus dem Volk zuführen, von denen die meisten so lange seine Konkubinen blieben, bis sie ein Kind bekamen. Man spricht von dreizehn bekannten nicht ehelichen Sprösslingen des Monarchen. Es muss dazu gesagt werden, dass der König, der die Kinder seiner Bettgefährtinnen nicht anerkannte, die jungen Mütter mit dem Nachwuchs finanziell großzügig abfand. Das Volk blickte, ähnlich wie die adlige Opposition, mit tiefem Widerwillen auf das Treiben Ludwigs und seiner ›Maitresse en titre‹. Ein Grummeln ging durchs Land, das sich, als mit

Ludwig XV. mit seiner Mätresse Madame du Barry,
Nachfolgerin von Madame de Pompadour, Fotogravur, 19. Jh.

Ludwig XVI. die nächste Generation der Bourbonen auf den Thron gelangt war und sich im Volke die Wut auf den Ersten Stand, den heuchlerischen Klerus, weiter gesteigert hatte, in der Revolution entlud. Das berühmt-berüchtigte Diktum der Madame de Pompadour: »Nach uns die Sintflut«, hatte einen prophetischen Nebensinn. Die Sintflut brach tatsächlich los. Der ursprüngliche Zusammenhang, in dem das berühmte Wort gefallen sein soll, aber war im Jahre 1757 die Zukunft Frankreichs nach der Schlacht bei Roßbach, in der die Franzosen von den Preußen geschlagen worden waren und in deren Vorfeld die Pompadour als Beraterin des Königs eine wichtige Rolle gespielt hatte. »Man kann sich noch heute recht gut vorstellen«, schreibt der Philosoph Peter Sloterdijk, »wie die Gastgeberin, vermutlich bei einer Veranstaltung am Hof von Fontainebleau, entschlossen, die Laune ihrer Besucher nicht in Gefahr zu bringen, von einer Sekunde zur nächsten Zuflucht nahm zu der hysterisch-galanten Heiterkeit, die von alters her zu den Requisiten der höfischen Konversation gehört. Von dieser Regung, scheint es, ließ sie sich die Wendung diktieren, deren strahlende Skrupellosigkeit sich ins Gedächtnis der Nachwelt einprägte. *Après nous le déluge!* Die volatile Dame hatte in ihrem Jahrzehnt an der Seite des Königs gelernt, das Protokoll zu befolgen, indem sie unmerklich mit ihm spielte. Von der höfischen Etikette zur Improvisation am Abgrund war es für sie in diesem Augenblick nicht mehr als ein Schritt.«

»Der Ehrgeiz ist die größte Marter, besonders für ein Frauenherz.«

Madame de Pompadour

Die Marquise verstarb 1764 mit nur 43 Jahren – es heißt, sie habe eine Lungenentzündung nicht überlebt. Es könnte aber auch die Tuberkulose gewesen sein, denn die große Mätresse war immer schon von ›zarter‹ Gesundheit, das heißt, häufig krank, fiebrig und bettlägerig gewesen. Sie bedachte in ihrem Testament Diener und Laufburschen, also kleine Leute – und auch jene Wahrsagerin, die der Neunjährigen einst die glanzvolle Zukunft an der Seite des Königs vorausgesagt hatte.

Olympe de Gouges (1748–1793)

Femme galante und Revolutionärin

Sie war eine Schriftstellerin, obwohl sie Lesen und Schreiben kaum gelernt hatte. Sie war eine Dramatikerin, die mit den Schauspielern und Theaterprinzipalen im Paris des ausgehenden 18. Jahrhunderts permanent im Streit lag. Und sie war eine Revolutionärin zu Zeiten der Republik in Frankreich, die doch königstreu gesonnen blieb. Eine Frau mit mehr als einem Widerspruch.

Geboren wurde Olympe de Gouges als Marie Gouze im Jahre 1748 in Montauban, einer Stadt nördlich von Toulouse, wo man statt Französisch Okzitanisch sprach. Die Mutter Anne-Olympe war Wäscherin, der Vater Metzger; man nimmt aber an, dass der Erzeuger des Mädchens Marie ein Landadliger namens Jean-Jacques Lefranc de Pompignan war. Dieser Mann ist jedoch im Leben Olympe de Gouges' nie in Erscheinung getreten, wobei umstritten ist, ob die Mutter ihn zurückwies oder ob er die damals einem Adligen zustehende Freiheit von allen Pflichten gegenüber seiner ›natürlichen‹ Tochter nutzte.

Mit 17 Jahren wurde Marie Gouze in eine Ehe mit dem Gastwirt Louis-Yves Aubry gedrängt. Sie bekam einen Sohn, wurde bald Witwe und tat nun genau das *nicht*, was man erwartet hätte. Sie schaute sich nicht nach einem neuen Ehemann um. Stattdessen streifte sie den Namen Aubry ab wie eine lästige Fessel, schlüpfte mit dem Vornamen ihrer Mutter und einem ausgedachten, durch ein ›de‹ (= von) aufgewerteten Nachnamen in eine neue Identität und zog nach Paris. Sie wusste genau: ihre Schönheit und Jugend würden es ihr leicht machen, wohlhabende Gönner zu finden, sodass sie ein Leben im Elend nicht zu befürchten brauchte. Und sie hoffte, dass ihre Klugheit sie davor bewahren würde, im Milieu der leichtlebigen Frauen unterzugehen.

Sie ist 22 Jahre alt, als sie mit ihrem kleinen Sohn in der Hauptstadt Fuß fasst. Nicht nur ihre Reize, auch ihr blitzgescheiter Geist führen ihr bald begeisterte Verehrer zu. Monsieur Jacques Biétrix de Rozières, ein betuchter Unternehmer, der ein Monopol auf militärische Warentransporte sein Eigen nennt, kennt sie noch aus ihrer Heimat. Er wird für lange Zeit an ihrer Seite bleiben. Ein gemeinsames Kind stirbt früh. Aber obwohl es mit Olympe und Jacques wohl Liebe war, scheut sie eine feste Bindung, und sei es die einer Mätresse. Es gibt andere Männer. Die schöne Brünette aus der Provinz führt in den Jahren vor der Revolution

ein Pariser Leben als *femme galante*, als Salonière, Freundin und Liebhaberin bedeutender Männer, darunter Louis Philippe, der Herzog von Orléans, und der Roman- und Theaterstückeschreiber Louis-Sébastien Mercier. Sie verdient als Kurtisane gutes Geld, ist verschwenderisch, genießt den Luxus, denkt aber auch an ihre in ärmlichen Verhältnissen lebende Mutter, der sie eine Rente aussetzt. Olympe ist beliebt, bekannt als hilfsbereit und freundlich zu jedermann. Allerdings vergisst sie nie, woher sie kommt, Überheblichkeit kann sie nicht ausstehen. In dieser Zeit des Ancien Régime, wo in den Salons eine verfeinerte anspielungsreiche Kunst des Gesprächs und in den Boudoirs eine subtil-frivole Art der erotischen Konversation vorherrscht, besticht diese Lebedame aus der Provinz just durch ihre Einfachheit und natürliche Grazie. »Eine Taille wie eine Nymphe, große schwarze Augen, ein Teint wie Milch und Blut«, so die Beschreibung eines Verehrers aus dem Jahre 1780.

Ein Pariser Bordell. Karikatur auf die Sittenlosigkeit, um 1798

Olympe wollte nicht nur Furore als käufliche Schönheit machen. Sie wollte die Welt, in der sie lebte, verstehen und mitgestalten. Nicht

Olympe de Gouges übergibt Marie Antoinette und Louis XVI. ihre *Erklärung der Rechte der Frau und Bürgerin.*

weniger interessant als ihre Laufbahn als *femme galante* ist ihre intellektuelle Karriere. Olympe war ein ungewöhnlich neugieriger Mensch, der mitdachte und mitreden wollte. Sie verbesserte ihre Bildung, lernte Französisch – das vom Okzitanischen ihrer Muttersprache durchaus verschieden ist – und schaltete sich selbstbewusst in politische Debatten ein. Die Revolution von 1789 fiel ja nicht aus den Wolken, sie kündigte sich an durch Aufklärung und Religionskritik, durch Unzufriedenheit im Volk und immer neue beunruhigende Themen in den Salons und Gaststätten, nicht zuletzt durch die Unabhängigkeitserklärung der Vereinigten Staaten von Amerika. Da es bei Olympe de Gouges jedoch mit dem Schreiben haperte, tat sie das, was damals weit verbreitet war, auch unter Politikern: Sie diktierte ihre Gedanken einem bezahlten Sekretär.

Ihre Gedanken waren umstürzlerisch. Sie dachte die damals viel diskutierte Kategorie der (politischen) Gleichheit zu Ende: Warum sollten die Frauen nicht gleiche politische Rechte (und Pflichten) haben wie die Männer? Warum nicht auch die Schwarzen in den Kolonien? Olympes Theaterstück *Die Sklaverei der Neger*, 1789 in Paris uraufgeführt, löst einen Skandal aus und wird gleich wieder vom Spielplan abgesetzt. Die Zeit war noch nicht reif für dieses Thema. Olympe de Gouges hat immer wieder Stücke für die Bühne geschrieben, wurde aber nicht nur von der Kritik, sondern auch von den Theaterdirektoren und der Schauspieltruppe kaum je ernst genommen. Sie bewies jedoch großes Stehvermögen, indem sie stets von Neuem daran ging, ihre dramatischen Ideen umzusetzen.

Am bekanntesten ist Olympe de Gouges bis heute als Autorin politischer Pamphlete und Manifeste, die sie im revolutionären Paris veröffentlichen lässt. In der Streitschrift *Erklärung der Rechte der Frau und Bürgerin* von 1791 heißt es in Artikel 1: »Die Frau ist frei geboren und bleibt dem Manne gleich in allen Rechten.« Zur Veranschaulichung formuliert de Gouges diesen herrlichen Satz, der sie glücklicherweise um Jahrhunderte überlebt hat: »Die Frau hat das Recht, das Schafott zu besteigen, also muss sie auch das Recht haben, die Rednertribüne zu besteigen.« Soll heißen: sich politisch in der Öffentlichkeit zu betätigen. Auch diesmal wieder ist Olympe ihrer Zeit voraus. Die Revolution kippt in die Phase des Terrors um, Frauenrechte der ersten Stunde, wie die Gründung eigener Clubs, werden kassiert, ganz zu schweigen vom Recht auf politische Betätigung. Gewidmet hat Gouges ihr Manifest übrigens der Königin. Sie konnte sich, so radikal ihre Ideen in Sachen Gleichheit auch waren, innerlich nie ganz von Glanz und Verheißung der Monarchie lösen. So war es für den Schlächter Robespierre ein Leichtes, diese widerspenstige Zwischenruferin 1793 als Verräterin an den Idealen der Revolution aufs Schafott zu schicken.

»Der Unterschied zwischen den Prüden und den Frauen, die sich offen als femmes galantes zu erkennen geben, ist wie der zwischen einer Amateurin und einer Künstlerin.« Olympe de Gouges

Aus ihrer Zeit als Kurtisane hat Olympe de Gouges einige Lehren gezogen, die in ihre politische Arbeit eingeflossen sind und in denen sie die »Freiheit der Frauen« auch im Hinblick auf Leib und Liebe, also als sexuelle Freiheit neu erklärt und interpretiert hat. So tritt sie für die Rechte nicht ehelicher Kinder ein und für das Recht von Frauen, die Scheidung einzureichen. Die Ehe nennt sie »eine Grabstätte des Vertrauens und der Liebe«. Und sie erklärt freimütig, dass es zwischen den sogenannten ehrbaren Frauen und den Kurtisanen keinen Unterschied gebe. Es sei denn, man betrachte die Liebeskunst. »Der Unterschied zwischen den Prüden und den Frauen, die sich offen als *femmes galantes* zu erkennen geben, ist wie der zwischen einer Amateurin und einer Künstlerin.«

Marie Duplessis *(1824–1847)*

Die Kameliendame

»Sie war groß, sehr dünn, mit schwarzem Haar und im Gesicht rosenfarben und weiß. Sie hatte einen kleinen Kopf, längliche Emailleaugen wie eine Japanerin, aber lebhaft und fein ziseliert, kirschrote Lippen und die schönsten Zähne der Welt; man hätte sie für eine Figur aus Meißner Porzellan halten können.« Dies schrieb Alexandre Dumas fils über Marie Duplessis, die seinerzeit begehrteste Kurtisane von Paris. Marie hatte ihn immerhin so tief beeindruckt, dass er ihr einen ganzen Roman widmete: *Die Kameliendame*. Die Figur der eleganten Kokotte hieß darin Marguerite Gauthier. Der Stoff kam bald auf die Bühne, 1852 war die Uraufführung in Paris, das Publikum zeigte sich begeistert. Der italienische Komponist Giuseppe Verdi sah das Stück und fand, es müsse orchestriert werden. Mit seinem Librettisten Francesco Piave schuf er gleich darauf die Oper *La Traviata*, die weibliche Hauptfigur nannte er Violetta Valéry. Seither gab es kaum einen Sopran, der diese Partie nicht hätte singen wollen. Die Frau allerdings, deren Leben das Vorbild für Roman, Oper und Welterfolge abgegeben hatte, war in der Mitte der 1850er-Jahre schon tot. Marie Duplessis ist nur 23 Jahre alt geworden.

Als Königin der Pariser Demimonde hatte Duplessis zu Lebzeiten tatsächlich einen Ruf zu verteidigen. Viele einflussreiche Männer aus der Politik und dem Reich der schönen Künste erlagen ihrem Charme oder kämpften darum, ihr nahe zu kommen. Auch der Stargeiger und Komponist Franz Liszt war ihr zugetan und sie, so geht die Legende, auch ihm. Aber Liszt war an eine andere vergeben und zog sich aus der Affäre. Wie auch immer es wirklich gewesen ist, der Nachruhm der Marie Duplessis, die Kunstwerke, zu denen sie inspiriert hatte, hängen nicht nur mit ihrer Persönlichkeit zusammen – auch nicht nur mit dem tragischen Aspekt des frühen Todes. Ihr Leben und ihr Wirken hatten eine Frage aufgeworfen, die im Frankreich der Restauration nach Revolution und Kaiserreich die Gemüter beschäftigte, und das war die Frage der Moral. Am Schicksal der Duplessis ließ sie sich wunderbar entfalten.

Die Franzosen hatten den Adel von der Macht verjagt – aber er war zurückgekehrt, ohne jedoch die neuen moralischen Maßstäbe, die das Bürgertum verteidigte, offen abweisen zu können. Im 18. Jahrhundert war das Mätressenwesen der Aristokratie eine im Volk verhasste Selbst-

Porträt der Kameliendame von Jean-Charles Olivier um 1840

verständlichkeit gewesen, und auch unter Berufung auf die Sündhaftigkeit einer solchen Lebensweise hatte die bürgerliche Revolution zum Sturm geblasen. Und jetzt? Jetzt zeigte sich, dass die Forderung der Bourgeoisie nach Abschaffung der Privilegien des Adels in puncto Moral erfüllt worden war – aber nicht in der Weise, dass jetzt der Adel ehrbar geworden wäre, sondern dass nun alle, auch die Bourgeoisie, das Laster

Plakat von Alfons Mucha für die Aufführung der *Kameliendame* mit Sarah Bernardt, Théâtre de la Renaissance, Paris 1896

für sich reklamierten. Dieser Skandal musste erst einmal erkannt und durchdiskutiert werden, und damit hatte die Gesellschaft zur Zeit der Marie Duplessis eine Menge zu tun. Man wollte ehrbar leben, das hatte die Revolution verlangt. Man wollte aber auch zu den eigenen Bedürfnissen stehen, das war ebenfalls eine Forderung des erstarkenden Bürgertums. Doch was kam in Sachen Sexualität, Liebe und Ehe auf den Tisch, wenn man die Wahrheit sagte? Konnte man die Existenz der Halbwelt, der sexuellen Dienstleistungen und der schönen Huren einfach leugnen oder auslöschen? Alexandre Dumas fils hat es so zusammengefasst: »Die Welt des Demimonde beginnt, wo die gesetzliche Ehefrau endet und die käufliche Frau auftritt; diese ist von den ehrenwerten Frauen durch den öffentlichen Skandal getrennt, von den (früher herrschenden) Mätressen durch das Geld.« Es war die doppelte Moral, die gesiegt hatte. Und nicht die Tugend.

Marie Duplessis hatte sich den Zugang zur Halbwelt erarbeitet, sie hatte diese Welt gewählt, aber frei war die Wahl nicht. Geboren 1824 als Alphonsine Plessis in einem Dorf in der Normandie hatte sie unter den Misshandlungen ihres ständig betrunkenen Vaters zu leiden. Schon als

Kind musste sie arbeiten; später ging sie als Dienstmagd in Stellung und schuftete in einer Regenschirmfabrik. Wie sie nach Paris kam, darüber gibt es verschiedene Auskünfte. Einmal heißt es, ihr Vater hätte sie zu Verwandten geschickt, ein anderes Mal wird behauptet, er habe sie an vorbeiziehende Zigeuner verkauft. In Paris verdiente Alphonsine ihren Unterhalt als Wäscherin und Putzmacherin, bis sie merkte: Es gibt noch eine andere Einkommensquelle. Die Fünfzehnjährige war außerordentlich hübsch, die Männer schauten ihr hinterher. Schon bald fand sie einen Gönner, der ihr eine kleine Wohnung einrichtete. Das war ein erster Schritt nach vorn, aber Alphonsine wollte weiterkommen und beschloss, sich als Lebedame ganz neu in Szene zu setzen.

›Schön sein allein reicht nicht‹, sagte sie sich. ›Wenn ich Kontakt zu Männern von Stand pflegen will, muss ich auch in der Konversation überzeugen.‹ Alles Geld, das sie erübrigen konnte, investierte sie fortan in ihre Bildung. Als Sechzehnjährige lernte sie lesen und schreiben, Geografie und Geschichte. Ihren Vornamen änderte sie in Marie, und sie setzte vor ihren Nachnamen das nobilitierende ›du‹ – dazu sah sie sich berechtigt, weil ihre Mutter, die sie als Sechsjährige verloren hatte, angeblich aus dem verarmten Zweig einer adligen Familie stammte. Die Krönung dieses Neuentwurfs der Marie Duplessis waren dann die Klavierstunden bei Franz Liszt. Es sprach sich herum, dass da ein Mädchen vom Lande im Begriff war, sich zu einer großen Dame zu entpuppen, und die ehrgeizigen jungen Männer sowie die mächtigen alten Herren machten sich auf, die Schöne zu prüfen. Bald führte Marie einen glamourösen Salon; alle Beschreibungen ihres Umgangs und ihres Wesens, die von Bewunderern und Liebhabern überliefert sind, heben ihren Stil, ihren Takt und ihren Geschmack hervor. Marie liebte Blumen über alles. Stets war ihr Salon mit prächtigen floralen Arrangements geschmückt. Auch sie selbst trug Blumen im Haar oder am Ausschnitt, weiße Kamelien, manchmal auch rote – wenn sie ihre Periode hatte. 1846 schloss sie eine Konventionsehe mit dem Grafen Eduard de Perregeaux, einem alten Verehrer. Jetzt hatte sie es geschafft, sie durfte sich Gräfin nennen. Den Verpflichtungen einer Ehefrau brauchte sie nicht nachzukommen. Der Ehebund

»Die Welt der Demimonde beginnt, wo die gesetzliche Ehefrau endet und die käufliche Frau auftritt.«

Alexandre Dumas fils

wurde in London geschlossen und ist dort aktenkundig, in Frankreich war er nicht gültig, wahrscheinlich war das beiderseits so intendiert.

Die Frage nach der Moral im Zusammenhang mit dem Schicksal der Duplessis enthält noch ein anderes Thema, das die französische Gesellschaft umtrieb: Was ist mit der Liebe? Kann sie, wie die christliche Religion es will, jeden erlösen und alles verzeihen? Die Oper *La Traviata* bleibt skeptisch. Violetta hat die Liebe gefunden, aber sie opfert sie auf, weil der Vater ihres Geliebten das von ihr fordert. Sie findet selbst, dass sie, nachdem sie bereit war, ihre Gunst zu verkaufen, kein Anrecht darauf habe, sich in die Ehrbarkeit zurückzustehlen und mit diesem Schritt das Glück einer Familie zu zerstören. Aber können wir, das Opernpublikum und die Gesellschaft, diesen Standpunkt teilen? Müssen wir nicht auch einer Violetta die Herzensneigung gönnen, zumal wenn sie erwidert wird? Darüber hat man in Paris – und nicht nur dort – gestritten und gerechtet, und das Ende der Geschichte musste weder im wahren Leben noch auf der Bühne abgewartet werden, weil der Tod dazwischenfuhr und die junge Kurtisane dahinraffte.

Es kam vor, dass käufliche Frauen wie auch ihre Liebhaber immer wieder von ihren Gefühlen einfach überrumpelt wurden.

Doch das Problem war damit natürlich nicht aus der Welt. Hat eine Prostituierte ein Recht auf Liebe? Die tolerante Gesellschaft unserer Zeit hat längst ihr Ja! zu Protokoll gegeben. Und auch in der sich anschließenden Frage: »Verliert ein Mann, der eine ›gefallene‹ Frau liebt, sein Ehre?«, wird ein nachdrückliches Nein! vertreten. Im 19. Jahrhundert allerdings regierten die Dumas'schen Trennlinien zwischen Halbwelt und bürgerlicher Wohlanständigkeit noch in die Gefühle hinein. Ein Mann, der auf sich hielt, mochte ein Vermögen für eine faszinierende Kokotte ausgeben, aber er war immer nur Gast in ihrer Welt. Und eine Lebedame wusste, was sie zu erwarten hatte. Das Höchste der Gefühle waren Luxus und Ruhm, vielleicht sogar die Ehe. Aber Liebe? Zu ihrer Professionalität gehörte in erster Linie, sich jeglicher Sentimentalität zu enthalten. Eine verliebte Kurtisane konnte kaum überzeugend mit dem nächsten Anwärter flirten. Dass sowohl die käuflichen Frauen als auch ihre Liebhaber hin und wieder von ihren Gefühlen einfach überrumpelt wurden und ihre Vorsätze und Prinzipien über Bord warfen, kam vor.

Greta Garbo im Film *Die Kameliendame*, USA 1936

Das ist das Geheimnis des Erfolges von *Die Kameliendame* und *La Traviata* und war der eigentliche Skandal.

Marie Duplessis selbst hat ihren Ehemann und ihre zahlreichen Freier sicher nicht geliebt, von Liszt war sie fasziniert – einen Blick in ihr Herz hat niemand tun können. Wir wissen nichts über ihre wahren Gefühle. Geliebt hat sie das Leben im Luxus, das sie für einige Jahre hat führen können. Schon lange vor ihrem Tod war sie an Tuberkulose erkrankt. Als sie genug Geld hatte, suchte sie bekannte Ärzte auf und reiste dafür sogar in Europa umher. Aber die tückische Krankheit war damals unheilbar. Immerhin galt sie als Begleiterscheinung guter Eigenschaften wie Sanftmut, Edelmut und Empathie. Ob Marie auch als eine derart liebenswürdige Person eingeschätzt werden kann, ist umstritten. Sie wird zuweilen als hart und berechnend geschildert, auf jeden Fall als kapriziös und egozentrisch. Das wäre kein Wunder bei ihren grausamen Kindheitserfahrungen und vielleicht auch der Grund dafür, dass sie zwar Freunde bei sich hatte, als sie mit 23 Jahren starb, aber keinen Partner. Leider lief es nicht so ab wie in der Oper, wo kurz vor ihrem letzten Atemzug der Geliebte kommt und sie in die Arme schließt.

La Païva *(1819–1884)*

Herrin im Maison à partie

Vor etwa 150 Jahren, Frankreich ist gerade dabei, sich von einer Monarchie in eine Republik zu verwandeln, erobert eine junge Frau die Pariser Gesellschaft auf eine so atemberaubende Weise, dass sogar sie selbst davon überrascht ist.

Esther Pauline Blanche Lachmann kommt 1819 im Moskauer Getto zur Welt. Ihr Vater Martin, ein armer Weber, und ihre Mutter Anne Amalie sind wegen der Pogrome gegen Juden aus Polen dorthin geflüchtet. Esther ist siebzehn Jahre alt, als sie den Schneider Antoine Villoing ehelicht und schon bald ihr erstes Kind bekommt. Sie hilft ihrem Mann bei der Arbeit. Doch Esther will mehr als dieses bescheidene Leben. Nicht viel später verlässt sie Mann und Kind und ändert ihren Vornamen in Thérèse. Nach Aufenthalten in Berlin, Wien und Istanbul, wo sie sich als Prostituierte über Wasser hält, geht sie nach Paris, ins Armenviertel Église Saint-Paul unweit der Place des Vosges. Sie ist auf der Suche nach einem wohlhabenden Mann, der sie heiratet und reich beschenkt. Und sie hat Erfolg. Sie lernt Henri Herz kennen, bei dem sich alles ums Klavier dreht: Spiel, Komposition, Lehre, Herstellung und Entwicklung. Da Thérèse schon bald schwanger, aber noch verheiratet ist, vermählen sich die beiden halblegal in London. Durch ihren Mann kommt sie in Kontakt mit namhaften Künstlern – Musikern, Malern und Schauspielern. Bald führt sie ein luxuriöses Leben sowie einen Salon, dessen Unterhalt Herz finanziell an seine Grenzen bringt. Während er versucht, in den Vereinigten Staaten neue Absatzmärkte für seine Klaviere zu erschließen, gibt Thérèse in Paris sein Geld mit vollen Händen aus – bis sie schließlich von seiner Familie vor die Tür gesetzt wird. Daraufhin zieht sie ins Hotel Valin, ein Verehrer besorgt ihr eine Stelle als Modistin. Tatsächlich kreiert Thérèse eine Modekollektion, die sie im Londoner Covent Garden präsentieren kann; allerdings ohne großen finanziellen Erfolg. Den hat sie mit ihren anderen natürlichen Gaben. Im Vereinigten Königreich erobert sie den Baron Edward Stanley of Alderley und den Diplomaten Antoine Agénor, außerdem pflegt sie zahlreiche Liebschaften mit eher namenlosen, aber zahlungskräftigen Herren. Zurück auf dem Kontinent kann sie in der Spielerstadt Baden-Baden den portugiesischen Marquis Albino Francesco de Païva-Araujo für sich gewinnen. Da ihr erster Mann Antoine an Schwindsucht stirbt, ist sie nun frei und kann den Marquis 1851 heiraten. Mit ihm erwirbt sie quasi über Nacht ein Vermögen, einen portugiesischen Adelstitel und ihren *Nom de guerre* La Païva, den sie fortan trägt. Nachdem das Paar in der Hochzeitsnacht ›unter einer Decke gesteckt hatte‹, war die Ehe rechtskräftig vollzogen. Am nächsten Tag schrieb sie ihrem fünf Jahre jüngeren Gemahl folgenden Brief: »Du wolltest mit mir schlafen und hast es getan und so aus mir deine Frau gemacht. Du hast mir deinen Namen gegeben, aber ich habe mich letzte Nacht von dir losgesagt. Ich betrug mich wie eine ehrliche Frau. Ich wollte eine gesellschaftliche Position und habe sie bekommen. Du aber hast nun eine Prostituierte zur Frau. Du kannst mit mir nirgendwo hingehen und kannst mich nirgends präsentieren. Deshalb müssen wir uns trennen. Du gehst zurück nach Portugal, ich bleibe hier, behalte deinen Namen und bin, was ich immer war: eine Hure.«

Hôtel de la Païva auf den Champs-Élysées, Paris

Ein Jahr nach der kurzen Ehe mit dem Portugiesen trifft sie den Cousin des Reichskanzlers Otto von Bismarck, Guido Georg Friedrich Erdmann Heinrich Adelbert Graf Henckel Fürst von Donnersmarck. Er ist La Païvas letzter Fang. Guido, einer der reichsten Männer seiner Zeit – die Familie besitzt Bergwerke, Eisenhütten, verschiedene andere Industriebetriebe und Schlösser in Schlesien –, ist wie seine Vorgänger ebenfalls jünger als seine Angebetete. Die beiden heiraten nach der Annulierung der Ehe mit dem Marquis. Er überschüttet sie mit Luxus, den sie gern in Form von Schmuck und Kleidung zur Schau stellt, kauft ihr das Schloss Pontchartrain und lässt sie ein Palais an der Avenue des

Deckengemälde von Paul Baudry im Païva-Palais

Champs-Élysées errichten, das berühmte Hôtel de la Païva, das heute noch steht. Hier führt die große Kurtisane ein glanzvolles Haus. 1878 wird das Paar wegen des Verdachts der Spionage ausgewiesen. Die Donnersmarcks leben fortan auf ihren Schlössern in Neudeck in Oberschlesien, wo La Païva 1884 stirbt. Der Graf hat sie wohl sehr geliebt, denn er soll ihren Leichnam in Alkohol konserviert noch viele Jahre auf Schloss Neudeck aufbewahrt haben.

Es heißt, dass Männer in der zweiten Hälfte des 19. Jahrhunderts aufgrund der gesellschaftlichen und ökonomischen Verhältnisse in Frankreich – oder zumindest in Paris – mehr mit Prostituierten als mit ihren Ehefrauen geschlafen hätten. Entsprechend aufgefächert war der Markt der käuflichen Liebe. So gab es unterschiedliche Namen für Bordelle, je nach Kategorie, Ausstattung und Klientel. *Maisons à partie* waren Lusthäuser des Adels, Liebesnester, gern auch mit einem Guckloch in den Wänden für Voyeure, *Maisons dorées*, Spielsalons mit angeschlossenen Zimmern, *Maisons de tolérance*, ungenehmigte Freudenhäuser in allen Kategorien, *Maisons closes* mit geschlossenen, blickdichten Fenstern und schließlich *Maisons de rendez-vous* fürs kurze Stelldichein. Die Freier konnten sich hier der Illusion hingeben, nicht in einem Bordell, sondern in einer bürgerlichen Wohnung zu verkehren. *Maisons de passe* hießen unregistrierte Stundenhotels; nicht selten fanden Prostituierte ihre Kunden in Restaurants und brachten sie dann dorthin.

Das Hôtel de la Païva auf den Champs-Élysées war eine *Maison à partie*, zumindest wurde es damals so eingeordnet. Wegen seiner Opulenz und der extravaganten Innenausstattung – der aufwendigen Deckengestaltung, der feinen Mosaike und des wertvollen Marmors – gilt es als eines der schönsten privaten Bauwerke des Zweiten Kaiserreichs und war Stadtgespräch. Über den Baufortschritt berichteten regelmäßig die Zeitungen. Als der Reporter Aurélien Scholl bereits Jahre nach Baubeginn von den Champs-Élysées zurückkommt, antwortete er auf die Frage nach dem Fortgang der Arbeiten: »Es geht, das Wichtigste ist gemacht worden, der Bürgersteig ist gebaut.« Der Architekt Pierre Manguin errichtete es unter Mitwirkung zahlreicher Künstler zwischen 1856 und 1866, so auch Paul Baudry, dessen Deckengemälde *Der Tag jagt die Nacht* König Ludwig II. als Vorlage für Neuschwanstein begehrte. Doch die Besitzerin verweigerte sich. Erst als der Pariser Botschafter Fürst Chlodwig zu Hohenlohe die Païva besucht, ist sie zur Kooperation bereit. Niemand weiß, wie er es anstellte, doch er ist erfolgreich und bringt dem bayerischen König die erwünschte Vorlage. Noch lange spekuliert die Öffentlichkeit, welche politische List hier wohl angewandt wurde.

> *»Ich betrug mich wie eine ehrliche Frau. Ich wollte eine gesellschaftliche Position und habe sie bekommen.«* La Païva

Im Lauf der Zeit wird La Païva berühmt-berüchtigt für die opulenten Feste in ihrem palastartigen Haus. Berüchtigt deshalb, weil sie zunehmend als kühl, abgebrüht und nachtragend beschrieben wird. So soll sie ein Reitpferd, das sie abgeworfen hatte, auf der Stelle erschossen haben. Von einem ihrer Liebhaber, einem Bankier, soll sie gefordert haben, während des Geschlechtsverkehrs 1000-Francs-Banknoten zu verbrennen. Der Banker hatte Blüten mitgebracht, doch hatte ihn das lodernde Falschgeld so nervös gemacht, dass er den Akt nicht vollziehen konnte. Aber La Païva besaß auch eine gewinnende und großzügige Seite und sie liebte die schönen Künste. Kaiser Napoléon III., der Dirigent Hans von Bülow, die Schriftsteller Théophile Gautier und Ernest Renan, der Verleger Émile de Girardin, der Politiker Léon Gambetta, der Philosoph Hippolyte Taine, die Gebrüder Goncourt und auch Richard Wagner sind oft zu Gast. Nicht wenige dieser illustren Persönlichkeiten kamen allein ihretwegen.

Die Gebrüder Goncourt berichten in ihrem Tagebuch über die ›Königin von Paris‹, wie die Presse sie nennt, dass sie bei Tisch ihre Theorie über die Willenskraft erläutert habe. Alles sei nur eine Frage des Willens. So etwas wie glückliche Umstände gebe es nicht und jeder schaffe sich seine Umstände selbst. Nach diesem Credo hat La Païva gelebt.

Céleste Mogador (1824–1909)

Enfant du paradis

Eben erst hat die sechzehnjährige Élisabeth-Céleste Venard im Bal Mabille mit viel Energie und erotischer Verve eine Quadrille getanzt. Das Bal Mabille ist ein 1831 in Paris eröffneter Revuegarten, in dem erstmals die Polka und der Cancan getanzt werden. Beim Cancan kann man den Tänzerinnen während der hohen Beinwürfe und Spagatsprünge unter die Röcke schauen, daher wurde er später auch polizeilich verboten. Das überwiegend männliche und gut betuchte Publikum ist ganz aus dem Häuschen, alle wollen die Tänzerin sehen, und ihr Tanzpartner kann sie kaum vor der Menge schützen. Da sei es ja leichter, Mogador zu verteidigen, meinte er. Mogador (heute Essaouira) ist eine marokkanische Festung, die gerade von den Franzosen erobert worden war. Fortan wird Venard unter diesem Namen auftreten und bekannt werden.

Élisabeth-Céleste Venard war in ihren ›besten Jahren‹, von der Pubertät bis zum dreißigsten Lebensjahr, Tänzerin und Prostituierte. Danach arbeitete sie noch viele Jahre als Schriftstellerin, Schauspielerin, Regisseurin, Theaterdirektorin und Fotografin. Doch musste sie sich ein Leben lang für jene Zeit, in der sie sich verkaufte, rechtfertigen. Das tat sie in ihrer Autobiografie *Adieux au monde*. Es gibt nicht viele Autobiografien von Prostituierten aus dem 19. Jahrhundert, meist ist man auf Schilderungen von Schriftstellern wie den Brüdern Edmond und Jules Goncourt, Honoré de Balzac, Gustave Flaubert, Victor Hugo, Guy de Maupassant oder Émile Zola angewiesen. So wird fast durchgängig eine männliche Sicht auf das Geschäft mit der körperlichen Liebe veröffentlicht. Eine Ausnahme bildet La Mogador mit ihren Memoiren, die ab 1854 nach und nach in fünf Bänden erschienen.

Paris im Jahr 1830. Céleste ist sechs Jahre alt. Sie hat ihre frühe Kindheit an der Seite ihrer Mutter Anne-Victoire verbracht, der Vater hat sich kurz nach ihrer Geburt aus dem Staub gemacht. Die frühen Jahre verbringt sie ziemlich unbeschwert, obwohl sie am Boulevard du Temple aufwächst, der wegen der vielen Morde auch Boulevard des Verbrechens heißt. Doch es gibt hier auch Varietétheater, deren Parkett für die ärmeren Leute ›das Paradies‹ genannt wird. Manchmal ist Céleste unter ihnen. Die Mutter kann als Hutmacherin und Weißwäscherin nur für ein karges Auskommen sorgen. Für Bildung ist kein Geld da. Célestes

Can-Can-Tänzerin,
um 1900

Lernumfeld ist die Straße. Sie spielt nicht mit Puppen, sie spielt mit Jungen, lernt sich durchzusetzen und auf die eigenen Kräfte zu vertrauen. Diese Stärken können es einem Mädchen allerdings auch erschweren, eine angesehene Stellung in der Gesellschaft einzunehmen. Was also soll aus ihr werden?

Als ein neuer Mann ins Leben ihrer Mutter tritt, kommt es zu Spannungen. Während einer längeren Abwesenheit von Anne-Victoire vergewaltigt der Stiefvater das Mädchen. Céleste flieht und wird von der Prostituierten Thérèse aufgegriffen, die sich der hübschen Ausreißerin annimmt und sie bei sich wohnen lässt. Und sie erklärt ihrem Schützling offen, dass sie, Thérèse, keine Frau mehr sei, nur eine Nummer, für die bestimmte Regeln gelten. Dass sie sich in manchen Straßen nicht aufhalten darf, dass sie sich in der Öffentlichkeit nicht zeigen und vor allem nicht mit einer ehrenwerten Frau zusammen spazieren gehen darf. »Stell dir vor, wenn du mit mir gesehen würdest – man würde denken, ich wollte dich verkaufen.«

»Die Lüstlinge hingegen, die ihr Leben mit Spiel verbringen und damit, in die Bordelle zu gehen, sollten für die Gefährtinnen ihrer traurigen Vergnügungen mehr Nachsicht haben.« La Mogador

Huren mussten sich registrieren lassen und zu jeder Zeit mit dem Zugriff der Polizei rechnen. Bei einer nächtlichen Razzia landen Thérèse und Céleste auf dem Revier. Céleste kommt ins Gefängnis Saint-Lazare. Sie freundet sich mit der gleichaltrigen Herumtreiberin Denise an, die beiden sprechen über ihre Zukunft. Prostitution? Céleste ist überzeugt, dass ein solches Leben das unglücklichste der Welt sei. Aber was ist die Alternative für eine, die schon mal im Gefängnis war? Einen Arbeiter heiraten, der sie vielleicht schlägt oder für zwei arbeiten lässt? Denise kennt sich aus: »Du hast nur die niederste Klasse dieser Frauen gesehen, die hässlichen oder die dummen. Ich hingegen kenne welche, die schöne Wohnungen haben, Schmuck, Wagen und Beziehungen zu Leuten der besten Gesellschaft. Wenn ich so schön wäre wie du, hätte ich schnell mein Glück gemacht.«

Nach ihrer Entlassung meldet sich Céleste bei einer der besseren Adressen und tritt in ein Bordell ein; sie ist sechzehn Jahre alt. Zunächst muss sie sich bei der Besitzerin verschulden – für Kleidung, Schmuck, Kosmetik. Von nun an steht sie unter Kuratel der Bordellwirtin, darf sich nicht unabgemeldet entfernen und keinen Freier ablehnen. Einer von ihnen, der Schriftsteller Alfred de Musset, nutzt das aus, er quält und demütigt sie.

Sie unternimmt sogar einen Selbstmordversuch. In ihren Memoiren schreibt sie: »Ich verstehe sehr wohl die Verachtung, die die Männer für die Prostituierten hegen. Doch verstehe ich sie nur von denen, die, umfangen von den heiligen Freuden der Familie, selber niemals den Fuß an einen schlechten Ort setzen. Die Lüstlinge hingegen, die ihr Leben mit Spiel verbringen und damit, in die Bordelle zu gehen, sollten für die Gefährtinnen ihrer traurigen Vergnügungen mehr Nachsicht haben. Aber gerade das Gegenteil ist der Fall. Die ausschweifendsten Männer sind zugleich die unverschämtesten. Kein rechtschaffenes Herz vermag sich das Maß an Erniedrigung vorzustellen, dem eine Kurtisane ausgesetzt ist, wenn sie die Beleidigungen erträgt, die ihr zugefügt werden.«

Céleste Mogador, der man die Erfindung des Can-Can nachsagt, ca. 1865

Nach einem halben Jahr im Bordell erkrankt Céleste an den Pocken. Sie wird wieder gesund, behält aber Narben zurück und verlässt das Freudenhaus. Gleichwohl hat sie in den nächsten Jahren immer wieder vornehme Freier aus der *haute volée*. Und so kommt es, dass sie ihre Bildung nachholt. Der Umgang mit kultivierten Menschen gefällt ihr; sie hört ihnen zu. »Ich bedurfte dieser Kontakte sehr, denn ich war so un-

Théâtre Marigny auf den Champs-Élysées, Paris, um 1920

wissend, dass es oft geschah, dass ich mitten im Wort stockte und nicht wagte, es zu Ende zu führen, aus Angst, eine Dummheit zu sagen. Von jedem lernte ich ein bisschen und mit der Zeit gelang es mir, mich sicher zu fühlen.« Durch Neugier und Gespräch erwirbt Celeste die Voraussetzung dafür, später als Schriftstellerin hervorzutreten. Doch erst einmal wird sie Tänzerin im Mabille und Schauspielerin im Théâtre Beaumarchais, dann Reiterin im Hippodrom Cirque Olympique. Dabei hat sie Angst vor Pferden, und reiten kann sie auch nicht, doch sie überwindet sich. Die Rennen sind gefährlich, und tatsächlich stürzt Céleste. Sie kann von Glück reden, dass sie ihre schweren Verletzungen überlebt.

La Mogador ist nun dreißig und muss sehen, wo sie bleibt. Für eine Frau wie sie gibt es nur einen Weg in die Ehrbarkeit: die Ehe mit einem Mann von Stand oder mit Geld. »Die Heirat ist das Ehrenkreuz der Dirnen«, vermerken die Klatschchronisten des 19. Jahrhunderts, die Gebrüder Goncourt. Céleste ist nur allzu bereit, dieses Kreuz auf sich zu nehmen, und heiratet den Grafen Lionel de Chabrillan, den sie als ihren Freier schon lange kennt und der sehr verliebt in sie ist. Auch von ihrer

Seite ist es eine tiefe Zuneigung. So hätte alles gut werden können, wenn der Graf, ein Filou und Verschwender, nicht sein gesamtes Vermögen durchgebracht hätte. Nun müsste sie ihn eigentlich unterstützen. Doch sie steckt in einem Dilemma. Mittlerweile ist es so weit: ihre Lebenserinnerungen, an denen sie in den letzten Jahren gearbeitet hat, sollen erscheinen. Damit könnte sie Geld verdienen. Dennoch versucht sie, die Publikation zu verhindern, um ihre neue Ehrbarkeit nicht zu beflecken, doch zu spät. Die Familie des Comte ist empört und verstößt ihren Spross, weil er seine Konkubine geheiratet hat. Lionel geht daraufhin nach Australien, um sein Glück als Goldschürfer zu machen, Céleste folgt ihm. Wenige Jahre später stirbt er in Melbourne, da ist sie bereits wieder in Paris und beginnt ein neues Leben.

»Kein rechtschaffenes Herz vermag sich das Maß an Erniedrigung vorzustellen, dem eine Kurtisane ausgesetzt ist, wenn sie die Beleidigungen erträgt, die ihr zugefügt werden.« La Mogador

Von der Prostitution kommt sie dennoch nicht ganz los. Die Unterstützung eines Freundes, des Grafen Naurois, sorgt für ihre Grundsicherung. Aber sie verdient auch selbst Geld, vor allem als Schriftstellerin. Einen anderen Freund, den Komponisten Georges Bizet, soll sie zu seiner Oper *Carmen* inspiriert haben. Die Heldin dieses Werks ist eine Zigeunerin, die in einer Zigarettenfabrik arbeitet – damals eine für das Pariser Publikum gewöhnungsbedürftige Figur, jedenfalls auf der Opernbühne. Céleste denkt an ihre Jugend als ›enfant du paradis‹ zurück, es zieht sie zur Welt des Theaters. 1865 übernimmt sie die Leitung des Théâtre Marigny auf den Champs-Élysées. Und sie schreibt Stücke.

Im Deutsch-Französischen Krieg gründet La Mogador eine Hilfsorganisation für die Verletzten und überlässt ihr Haus den Kriegswaisen. Um 1885 entdeckt und fördert sie die Tänzerin Louise Weber, die unter dem Pseudonym La Goulue berühmt und auf Plakaten von Toulouse-Lautrec verewigt wurde. Bis zu ihrem Tod im Jahr 1909 schreibt Mogador weitere Romane, Theaterstücke, Operetten, Lieder und Gedichte. Auf ihrem Grabstein wird sie als *femme de lettres* bezeichnet.

Caroline Otéro *(1868–1965)*

Dämonische Tänzerin der Belle Époque

PARIS.

Agustina Caroline Otéro Iglesias oder La Belle Otéro, wie sie genannt wurde, Tänzerin, Sängerin und Mätresse gekrönter Häupter, berühmter Künstler und reicher Industrieller, kann als erste Diva der Filmgeschichte bezeichnet werden. 1898 dreht in St. Petersburg ein Angestellter der französischen Filmfirma Lumière einen Minutenfilm mit ihr, der in ganz Europa gezeigt wird. Sie tanzt darin ihren beliebten ›Valse brillante‹. Da auch ein russischer Offizier in einer frivolen Szene zu sehen ist, sorgt der Streifen für einen Skandal. Doch Skandale ist die Otéro gewohnt. Sie stören sie nicht, im Gegenteil, mehren sie doch ihre Popularität.

Sie weiß sich zu bewegen, sie weiß, wie man Eindruck macht, und sie beherrscht die Kunst des Gefallens. Zu der Zeit, als der Film entsteht, gewährt sie bereits seit Jahren ihre Gunst vielen gekrönten Häuptern Europas. Unter ihren Freiern finden sich Zar Nikolaus II., Kaiser Wilhelm II., König Leopold II. von Belgien, Fürst Albert I. von Monaco, König Alfons XIII. von Spanien, König Edward VII., König Peter I. von Jugoslawien und der Schah von Persien. Sie stellt fest: »Könige sind im Allgemeinen nicht sehr großzügig, aber ich habe sie alle gelehrt, von ihrem Reichtum etwas abzugeben.«

Mit dem italienischen Schriftsteller Gabriele D'Annunzio führt sie eine mehrjährige Beziehung, auch die Freundschaft mit dem französischen Politiker und späteren Nobelpreisträger Aristide Briand währt mehr als zehn Jahre. Ob es sich nur um Freundschaft gehandelt hat? Solche feinen Unterschiede werden gern im Ungefähren gelassen. Diesen hochstehenden Herren ist es wichtig, dass die schöne Otéro nicht mit rangniedrigeren Männern verkehrt, darauf hat sie zu achten – und das tut sie. Ihre Freier sind über sie miteinander verbunden, das bedeutet ihnen etwas, niemand aus einer unteren Klasse soll sich dazwischenmischen. Vielleicht auch um das zu gewährleisten, erhält sie von ihren edlen Liebhabern kostbare Geschenke: Juwelen, Kleider, Boote oder Häuser.

Nicht wenige Männer verfallen ihr, sind bereit, vieles oder alles zu opfern, manchmal sogar ihr Leben. Es heißt, dass sieben Männer den Freitod wählten, weil sie nicht ihre Gunst erringen konnten. Ein Mann namens Jacques Payen bot Otéro für eine Nacht 10.000 Francs, das Jahresgehalt eines Arbeiters. Ihre Replik: »Ich nehme keine Almosen.« Ein anderer, Graf Pieriewski, der sich ihretwegen scheiden ließ, schenkte ihr täglich 5.000 Francs, wissend, dass er sich damit ruinierte. »Ich weiß, dass du mich an den Bettelstab bringst, doch das ist mir gleichgültig.« Als er ihr nur noch 1.000 Francs zahlt, verlässt sie ihn und Pieriewski erschießt sich. Der Marquis de Plattière geht ins Wasser, als er ihren Ansprüchen nicht mehr genügen kann. In der Presse bekommt die Otéro schon bald den Beinamen ›Verlockung der Selbstmörder‹.

Plakat, um 1894

Anfang des 20. Jahrhunderts gehört die Otéro zu den berühmtesten und reichsten Frauen der Belle Époque. Ihr wertvolles Geschmeide zeigt Otéro oft und gern, auch bei ihren Tanzdarbietungen. Mehrere Sicherheitsleute nehmen noch während des Auftritts auf der Bühne die millionenschweren Juwelen in Verwahrung. Schwer waren sie auch im wörtlichen Sinn, denn die Otéro entwickelte die Marotte, sich mit Schmuck zu überladen. Mitunter muten die Preziosen wie eine Rüstung an, die sie schützt. 1905 führt die Zeitung *Le Figaro* einige ihrer Schmuckstücke auf, darunter ein Collier von Königin Marie Antoinette, Diamanten der Kaiserin Josephine, ein Diamantenbolero von Cartier. William K. Vanderbilt schenkt ihr eine Yacht, Künstler revanchieren sich mit Naturalien, der Maler Auguste Renoir und die Karikaturisten Georges Goursat und Caran d'Ache porträtieren sie, Marcel Proust nimmt sie zur Vorlage für eine literarische Figur. Das Carlton an der Croisette in Cannes, heute das Hauptquartier während der Filmfestspiele, verdankt die Form seiner Kuppeln den Brüsten der berühmten Kurtisane – die Architekten haben sie ihnen nachempfunden, so die Legende.

Aufgewachsen ist Agustina Otéro Iglesias in Valga, im spanischen Galizien, in einer kleinen Hütte. Hier lebt sie mit der Mutter, vier

Caroline »La Belle« Otéro

Geschwistern und dem Vieh unter einem Dach. Sie geht betteln und tanzt auf der Straße mit den anderen Kindern. »Von klein auf war Tanzen meine Leidenschaft, eine regelrechte Sucht.« Das lebenslustige, anmutige zehnjährige Mädchen ist noch abends um 22 Uhr unterwegs, als der fünfundzwanzigjährige Venancio Romero ihr auflauert. Ein Zeitungsbericht aufgrund eines Gerichtsdokuments vermerkt für den 6. Juli 1879 Folgendes: »Das Kind ist auf so brutale Weise vergewaltigt worden, dass ›der Anstand es verbiete, Einzelheiten zu schildern‹.« Agustina erleidet einen Beckenbruch und hat lang anhaltende lebensgefährliche Blutungen. Aufgrund dieser Verletzungen wird sie ihr Leben lang unfruchtbar bleiben. Nach ihrer Genesung und dem Verlust der Unschuld muss sie das Gerede der Leute ertragen. Sie ist nun ein gefallenes Mädchen; im Dorf hält sie nichts mehr. Da ihr alles genommen wurde, was man damals an einer Frau schätzte – bis hin zur Möglichkeit, Mutter zu werden –, schwor sie sich später, den Männern das zu nehmen, worauf sie sich das Meiste einbildeten. Ihr Manifest: »Schaut mich nur an mit euren begehrlichen Blicken. Als Gegenleistung für meine Ehre nehme ich euch eure Würde. Als Preis für meine Angst werde ich über euren Stolz herrschen, ja sogar über euren Willen.«

> *»Als Gegenleistung für meine Ehre nehme ich euch eure Würde.«*
>
> La Belle Otéro

Und so geschieht es.

Zunächst tauscht sie Sex gegen Logis. Sie ist zwölf Jahre alt, als sie den schönen Katalanen Paco Coll kennenlernt. Er lehrt sie Singen und ihre Tanzkunst verfeinern, ist ihr Liebhaber, Lehrer und Agent. Die beiden reisen herum, Agustina tritt auf kleinen Bühnen auf. Sie schläft mit Männern, die nach Ende der Vorstellung am Bühneneingang auf sie warten. Oder sie trifft einfach so Männer auf der Straße, die sie ansprechen, wie in Lissabon: »Plötzlich befand ich mich vor dem Schaufenster eines Juweliers und bestaunte ein wunderschönes Diamantcollier. Ich kam ins Gespräch mit einem Herrn in den Vierzigern, der sehr sympathisch wirkte, eine Goldrandbrille trug und mich wohlwollend betrachtete.« Porazzo, der reichste Banker der Stadt, kauft ihr das Collier und bringt sie in einer Pension unter. »Ich ließ mich von meinem Beschützer verwöhnen und brachte ihm etwa die Zuneigung entgegen, die man einem

Kostümbildnis der Otéro

Patenonkel gegenüber hegt, der sein Patenkind mit Geschenken überhäuft.« Jahre später wird sie vom Manager des New Yorker Eden Theatre, Ernest Jurgens, entdeckt und engagiert. Er war nach Europa gekommen, um eine rassige ›echte‹ Carmen aufzutun, und engagiert die inzwischen Zwanzigjährige für Auftritte in den Vereinigten Staaten, Buenos Aires und Rio de Janeiro, die ein Riesenerfolg werden. Auch Jurgens verfällt ihr, auch er verlässt seine Familie, auch er begeht am Ende der Liaison Selbstmord.

1894 gibt Otéro ihren Einstand an den Folies-Bergère. Sie arbeitet diszipliniert und hart, ihre Choreografien sind einzigartig. Eine Haute-Couture-Schneiderin entwirft ihre Kostüme. Engagements in Moskau und St. Petersburg, in Amsterdam und Brüssel, London, Budapest, Wien, München und Berlin folgen. Kaiser Wilhelm II. schreibt für sie die Pantomime *Das Modell*, die sie mit Paul Franck in Berlin aufführt. Ein paar Jahre später kann sich Otéro eine prächtige Villa unweit des Parks Monceau leisten, einem der besten Viertel von Paris.

Sie tanzt hinreißend. Dass sie sich auch sehr erotisch, teilweise dominant und bisweilen lasziv bewegt, wird kaum erwähnt. Aber die Zuschauer, besonders die männlichen, sehen es und kommen genau deswegen. Als sie 1887 im Berliner Wintergarten auftritt, muss ihr Engagement um zwei Monate verlängert werden. Baron Ollstreder liegt ihr wie viele andere zu Füßen und vermacht ihr einen erheblichen Teil seines Erbes. In St. Petersburg tanzt sie vor sämtlichen Großfürsten. Einer von ihnen, Peter, kniet vor ihr nieder und ruft: »Ninotschka, ruiniere mich, wenn du willst, aber verlass mich nicht!« Der Zar verbietet ihm die Beziehung zu der dämonischen Tänzerin, doch der Großfürst widersetzt sich dem Befehl und verlässt mit ihr Russland in Richtung Paris. Dort hält er sie zwei Jahre lang aus. Sie ist jetzt eine sehr reiche und mächtige Frau.

1904 endet ihr zehnjähriges Engagement bei den Folies-Bergère. Nun arbeitet sie freiberuflich, zuerst mit großem Erfolg in Rom, dann in

Neapel. Dort wird sie die Mätresse des äußerst reichen Barons Lezcari. Nach einer Tournee durch Südamerika, wo mehrere Vorstellungen schlecht besucht sind, wird sie ernsthaft krank und kehrt nach Europa zurück. In Monte Carlo soll sie sich erholen. Stattdessen verspielt sie ihr Vermögen, für die Schulden kommt der Baron auf. Die beiden trennen sich. Otéros Spielsucht nimmt wahrscheinlich hier ihren Anfang. Im Laufe der Jahre wird sie einen zweistelligen Millionenbetrag verlieren. Wie kann man sich diesen Kontrollverlust erklären?

Als Mätresse, und das ist Otéro im Grunde ihr Leben lang mit wechselnden Gönnern, geht es nie um ihre eigenen Bedürfnisse. Sie muss die Wünsche der Männer erkennen oder wecken und sie erfüllen, dafür wird sie fürstlich entlohnt. Natürlich manipuliert sie auch, befiehlt gar und macht manche Männer hörig. Doch es ändert nichts daran, dass sie als Dienstleisterin in einem ökonomischen Transaktionsverhältnis steht. Innerhalb dieser Beziehung haben Zuneigung, Sex und vielleicht sogar ein Surrogat von Liebe ihren Ursprung, sie bleiben aber vermittelt und künstlich, auch wenn sich die Beteiligten redlich mühen, diesen Umstand vergessen zu machen. Die Akteure nehmen Schaden, seelisch oder körperlich, wenn sie das nicht berücksichtigen. Als Mätresse muss Otéro stets kühlen Kopf bewahren, sie darf im Rausch nicht die Kontrolle verlieren. Ein Ventil für sie war womöglich die Spannungslösung durch das Roulette. Und letztlich könnte das Glücksspiel auch eine Strategie gegen die Einsamkeit gewesen sein. Denn sie lebte beständig in Hotels und mit Männern, die sie wenig kannten – oder zumindest nur eine Seite von ihr – und die nicht sie als Mensch meinten.

Mit Anfang vierzig entscheidet sich Otéro, aus dem Licht der Öffentlichkeit zu verschwinden. Man soll sie jung und schön in Erinnerung behalten. 1954 wird ein Film über ihr Leben gedreht, *Eine Frau erobert die Welt*, mit Maria Félix in der Hauptrolle und der Otéro als Beraterin. Die letzten zwanzig Jahre ihres Lebens verbringt sie in einem bescheiden möblierten Zimmer in Nizza. Hier und in den Spielcasinos von Cannes und Monte Carlo hängt bis heute ein Porträt der Otéro.

»Mein Leben war ein toller Wirbel und ein betäubender Rausch. Ein Leben war es nicht.« La Belle Otéro

Vaslav Nijinsky *(1889–1950)*

Faun mit animalischer Männlichkeit

»Mit einem einzigen Sprung überwand er den ganzen Raum von der vorderen zur hinteren Bühne. In seiner blonden Perücke, mit bis zu den Schultern reichenden Locken, in weißem Trikot, Crèpe-de-Chine-Hemd und schwarzem Samtwams, tanzte Vaslav wie ein schwereloser Körper, sodass man, wenn er herabkam, den Eindruck hatte, er steige schon wieder auf. Seine unglaubliche Fähigkeit, fast zu fliegen, schlug das Publikum in Bann, und sein Entrechat-dix war ein weiteres Wunder.«

Wie hier seine Witwe Romola Nijinsky in ihrer Biografie, griffen Chronisten, die den Tänzer Vaslav Nijinsky und seine Kunst charakterisieren wollten, zu Vokabeln äußerster Bewunderung. Paul Claudel schrieb über ihn: »Seine Füße hatten den Boden verlassen – er brachte ihn, *den Sprung*, will sagen den Sieg des Atems über die Schwerkraft. So sind die Inspiration des Tänzers und der Drang unserer Sehnsucht nach Leben stark genug, ihn vom Boden zu lösen, der doch nur ein Sprungbrett ist für seine triumphierenden Füße.« Und John Neumeier nannte ihn »den berühmtesten und größten Tänzer seiner Zeit mit einer kometenhaften, fantastischen Karriere.« Der amerikanische Choreograf bemerkte zugleich, dass ja doch Nijinsky selten wirklich verstanden worden sei, dass die Faszination, die von ihm ausgehe, ein Geheimnis verberge. So ist es. Und dieses Geheimnis, die Beunruhigung, für die es steht, liegt darin, dass Nijinsky als Tänzer und als Mensch eine Art sexueller Urgewalt verkörperte.

Die feine Gesellschaft von St. Petersburg, Paris, Berlin und London, vor der Nijinsky im gerade beginnenden 20. Jahrhundert auftrat, war auf diese Wucht, Schönheit und Direktheit des erotischen Furors nicht vorbereitet. Entsprechend zwiespältig begegnete sie dem Star der Ballets Russes von Anfang an, dessen große Erfolge als Solist und Choreograf fast alle auch Skandale waren. Die Musik eines Igor Strawinski oder Claude Debussy trug dazu bei, dass das Publikum sich echauffierte, aber der laszive ›Gott des Tanzes‹, der sich da auf der Bühne so offen und kunstreich exhibitionierte, war der eigentliche Stein des Anstoßes – ohne deshalb aufzuhören, Frauen und Männer »in Bann zu schlagen«. Man wusste ja auch, wie er lebte: Mit einem Mann. Sein Entdecker und Förderer, der Impresario Sergej Diaghilev, war zugleich sein Liebhaber;

Vaslav verdankte dem homosexuellen Schöngeist die Karriere und den Lebensstil. Das war für die große Welt, die sich für avantgardistische Kunst interessierte und in die Vorstellungen der Ballets Russes strömte, keine Kleinigkeit, und damit wurde sie auch nie wirklich fertig. Vaslav gab sich ganz in die Hände seines Mäzens, künstlerisch und menschlich. »Ich kenne schlimme Sachen, denn ich habe sie bei Diaghilev gelernt. Diaghilev hat mir alles beigebracht. Ich war jung und machte Dummheiten. Ich weiß, wozu das alles führt«, so Nijinsky in seinen tagebuchartigen Notaten aus späteren Jahren, in denen er an Schizophrenie erkrankt war. Der ›Gott des Tanzes‹ fühlte sich auch zu Frauen hingezogen. »Ich habe Pariser Kokotten geliebt, als ich mit Diaghilev zusammen war. Er glaubte, ich ginge spazieren, dabei war ich hinter den Kokotten her.« Es war denn auch seine Neigung zum anderen Geschlecht und seine Eheschließung mit der ungarischen Tänzerin Romola von Pulszky, die zur Trennung von Diaghilev führte und seiner Karriere einen Knick versetzte.

Plakat, um 1911

Geboren wurde Vaslav 1889 in Kiew als Sohn eines Tänzerehepaares polnischer Abstammung. Neunjährig besteht der Junge die Aufnahmeprüfung an der Kaiserlichen Ballettschule in St. Petersburg, sein Debüt als Tänzer gibt er 1906 am dortigen Marientheater. Er tanzt das gesamte klassisch-romantische Repertoire unter Choreograf Michail Fokin mit Partnerinnen wie Anna Pawlowa und Tamara Karsavina. Die Direktion des Marientheaters kündigt ihm, als er im allzu eng anliegenden Trikot – mittlerweile Standard für Tänzer – auf die Bühne springt. Er kann diesen

Rückschlag verkraften, weil Diaghilev ihn bereits unter seine Fittiche genommen hat und er in dessen Ballets Russes, die vorzugsweise im Ausland auf Tournee gehen, als Solist arbeitet. Seine großen Erfolge feiert er mit dieser Compagnie in Paris, Wien, Prag, London, Dresden und vielen anderen großen europäischen Städten, auch in Südamerika und den USA. Die Ballette *Nachmittag eines Fauns* von Debussy und *Das Frühlingsopfer* von Strawinski setzen gänzlich neue Maßstäbe, wobei Nijinskys erotische Körperlichkeit die eigentliche Sensation ist. Ab 1912 tritt der Tänzer auch als Choreograf hervor. Als er 1913 während einer Gastspielreise in Buenos Aires – Diaghilev verträgt keine Schiffsreisen und ist nicht dabei – seine Bewunderin und Kollegin Romola von Pulszky heiratet, kommt es zum Bruch mit Sergej. Der Chef der Truppe wirft Vaslav hinaus. Mehrere Versuche, den Impresario und seinen Star wieder zu versöhnen, scheitern. Nijinsky hat mit seinem Lebensmittelpunkt sein Gleichgewicht verloren und erkrankt. Mit seiner Frau hat er zwei Töchter, er tritt auch weiter auf, sogar zwischenzeitlich wieder mit den Balletts Russes, aber 1919 bricht die Schizophrenie voll aus. Eine Odyssee durch Kliniken und Sanatorien, Besuche bei wechselnden Therapeuten, vorzugsweise in der Schweiz, beginnt. Ehefrau Romola sucht die größten Koryphäen der neu entstehenden psychiatrischen Zunft auf, aber keiner fühlt sich dem Fall gewachsen. Der großartige ›Faun‹ wird nicht wieder gesund.

Nijinsky verkörperte als Tänzer und als Mensch eine Art sexueller Urgewalt.

Von manchen Chronisten wird Nijinski als androgyn charakterisiert, womit gemeint sein mag, dass er auf Männer wie Frauen erotisch anziehend gewirkt hat. In seiner Erscheinung aber lag nichts Weibliches. Der muskulöse Tänzerkörper war extrem viril, das Gesicht mit der slawischen Anmutung knabenhaft verschlossen. Seine Bewegungen jedoch, wenn man sich die zur Verfügung stehenden Fotos und Abbildungen als Film vorstellt, müssen etwas Katzenhaftes, nicht zu Fassendes gehabt haben – von daher wohl auch die Zuschreibung ›androgyn‹. Allerdings wird es sich um eine sehr kraftvolle Katze gehandelt haben, der Vaslav glich – eher um einen Panther. Er selbst war mit seiner animalischen Männlichkeit derart identifiziert und stellte sie so naiv-narzisstisch aus, dass seine zutiefst verklemmte Epoche durch ihn als Mann und Bühnen-

Vaslav Nijinsky
als goldener Sklave
in Michel Fokines
Ballett *Scheherazade*,
um 1911

Pressefoto für das Ballett *Petruschka* von Igor Strawinsky, 1929 (Nijinsky rechts, links neben ihm Diaghilev)

künstler geradezu erschüttert werden musste. Dass er in ihr nicht seelisch gesund überleben konnte, ist kein Zufall. »Ich bin kein Hexenmeister. Ich bin Gott im Körper. Alle haben dieses Gefühl, nur macht niemand davon Gebrauch. Ich mache Gebrauch davon. Ich kenne seine Wirkung. Ich liebe seine Wirkung. Ich will nicht, dass man denkt, mein Gefühl sei spiritistische Trance. Ich bin keine Trance. Ich bin Liebe.«

Nijinskys Frau Romola verfasste noch zu Lebzeiten ihres erkrankten Mannes seine Biografie – sie kam 1934 in New York heraus und wurde in 16 Sprachen übersetzt. Deutschland folgte mit einer Verspätung von mehreren Jahrzehnten – die Nazis mussten das Buch unterdrücken, denn Romola von Pulszky sprach darin, während sie die Kunst ihres Mannes feierte, offen von dessen homosexuellen Beziehungen. Allerdings lüftete sie damit kein Geheimnis, alle Welt wusste es, der Tänzer selber hat sich als Schwuler nie versteckt. »Vaslav ließ es gern zu, in Diaghilevs Händen wie Wachs geformt zu werden. Er glaubte uneingeschränkt an Diaghilev, an seine Lebensart, seine Lebensauffassung. Er ließ sich völlig von ihm leiten. Diaghilev seinerseits hätschelte und verwöhnte ihn auf jede mögliche Weise, um ihn immer mehr an sich zu binden. Seine grenzenlose Bewunderung für den Tänzer Nijinsky wurde noch übertroffen von seiner leidenschaftlichen Liebe zu Vaslav selbst. Und Diaghilev erstickte jeden Gedanken an Widerstand durch die bekannten Geschichten über die Griechen, Michelangelo und Leonardo, deren schöpferisches Dasein solcher intimer Verhältnisse bedurfte. Ihre Beziehung war so echt, dass sie allgemein als selbstverständlich hingenommen wurde.«

»Ich bin kein Hexenmeister. Ich bin Gott im Körper.« Vaslav Nijinsky

Die Belle Époque, die Ära der avantgardistischen Moderne in den Künsten, war auch die Epoche Sigmund Freuds und der ersten Forschungen über die Sexualität und ihre Störungen. Noch wirkte der Viktorianismus nach, und es war nur in speziellen Milieus möglich, Homosexualität und Promiskuität offen zu leben, es war auch nie ganz ungefährlich. Nijinsky geriet mit seiner Rolle als männliches Sexsymbol in einer Gesellschaft, die gegen so ein Symbol alle Abwehr mobilisieren musste, die ihr zur Verfügung stand, in eine böse Falle. Erst zwei Generationen später konnte ein anderer Homosexueller, der Filmemacher Rosa von Praunheim mit dem Filmtitel *Nicht der Homosexuelle ist pervers, sondern die Situation, in der er lebt*, auf Verständnis und Zustimmung rechnen. Nijinski, der in seinen Tagebüchern im Grunde dasselbe sagt und in ähnlicher Weise litt, endete in der Anstalt.

Jean Genet (1910–1986)

Orpheus der Gosse

Als der französische Schriftsteller Jean Genet berühmt geworden war, stellte man ihm einmal die Frage, wie er es geschafft habe, trotz seiner schweren Kindheit und Jugend einen solchen Erfolg zu erringen. Er antwortete: »Es gab die französische Sprache und es gab mich. Ich bin in jene hineingekrochen – und das war's dann.«

Genet hat das Medium, mit dem er arbeitete und weltweit erfolgreich war, vielleicht geliebt. Aber er hasste Frankreich, dessen Bürger er war. Es fing alles mit seiner nicht ehelichen Geburt 1910 an – der Vater blieb unbekannt, die Mutter übergab das Baby der öffentlichen Fürsorge. Der kleine Jean kam zu freundlichen Pflegeeltern; die hatten jedoch eigene Kinder, die ihnen näher standen als der Pflegesohn. So etwas spürt auch ein kleines Kind sehr genau. Jean begann zu stehlen – Kleinigkeiten, mal hier und mal da, aus der mütterlichen Geldbörse, in der Schule bei den Kameraden. Er wollte die Beute gar nicht für sich. Die geklauten Münzen und Sachen verteilte er gleich wieder an andere Kinder. Psychologisch zu deuten ist diese Art von Kleptomanie sehr einfach: Das vernachlässigte Kind holt sich das Seine heimlich zurück. In Genets Fall ist diese Verhaltensauffälligkeit deshalb bemerkenswert, weil der junge Mann – sogar der schon arrivierte Dichter – nicht damit aufhören konnte und weil ihn seine Diebereien – er stahl als Erwachsener vor allem Bücher – immer wieder ins Gefängnis brachten. Als Mehrfachtäter drohte ihm schließlich lebenslange Haft. Es waren Kollegen aus der literarischen Welt, unter ihnen Jean-Paul Sartre und Jean Cocteau, die ihm durch Intervention beim Staatsoberhaupt vor diesem Los bewahrten. Erst nach einer solchen ›Lossprechnung‹ von allerhöchster Stelle hörte Jean Genet auf zu stehlen. Als habe er das Höchstmaß an Zuwendung gebraucht – jetzt nicht mehr in Form elterlicher Liebe, sondern in Form kollegialer und staatlicher Wertschätzung –, um nicht mehr unter dem Zwang zu stehen, sich ›das Seine‹ auf illegale Weise zu beschaffen.

Die Illegalität aber blieb die Sphäre, in die Genet seine schöpferische Fantasie entsandte, für die er das stärkste Interesse aufbrachte und nach der er sich leidenschaftlich sehnte. Er hasste Frankreich und die Franzosen auch nur, so weit er sie als Inbegriff honetter Bürgerlichkeit verstand. Alles, was an und in Frankreich randständig, arm und kriminell war, schloss er in seine Gebete ein.

Da Genet ein sehr guter Schüler war, durfte er auf Staatskosten eine Ausbildung absolvieren. Der Vierzehnjährige aber flüchtet von der École d'Alembert nahe bei Paris und schlägt sich in den Süden durch. Er wird aufgegriffen, unter Beobachtung gestellt und macht sich wieder davon. Der jugendliche Genet ist ein Landstreicher, ein Tramp und ein Knastbruder, denn jetzt muss er stehlen, um zu leben, und er ist kein geschickter Dieb. Schließlich kommt er in die Besserungsanstalt Mettray, wo militärischer Drill herrscht und die Jugendlichen zu harter Arbeit gezwungen werden. Hier lernt und praktiziert Genet, der immer nur für die Reize des männlichen Geschlechts empfänglich war, den schwulen Sex. Mettray ist eine unmenschliche Zuchtanstalt – gleichwohl wird Genet sie später als Heimat besingen, denn sie ist ein Inbegriff von Illegalität, Kriminalität, Unterwelt und Homosexualität. Dort fühlt er sich zugehörig.

Notre-dame des fleurs ist der »Künstlername« des Strichers in Genets gleichnamigem Roman

Dennoch brennt er wieder durch und heuert beim Militär an, bei einer Einheit, die in Damaskus stationiert ist. Erstmals hat Genet Kontakt mit der arabischen Welt, der er sich lebenslang verbunden fühlen wird. Zum einen, weil ihm die jungen Araber gefallen, zum anderen, weil er in diesen Völkern Underdogs wittert, denen er sich nahe glaubt. Im Konflikt Israel-Palästina wird er später, als einflussreicher Schriftsteller, in Wort und Tat Partei für die Palästinenser ergreifen.

Nach dem Ende seiner Dienstzeit 1933 lebt Genet eine Zeitlang in Barcelona. Hier geht er, um seinen Lebensunterhalt zu verdienen, auf den Strich. O-Ton Genet: »Eine Zeitlang lebte ich vom Stehlen, aber die Prostitution kam meiner Gleichgültigkeit eher zustatten. Ich war Anfang zwanzig.« Es ist auch das Milieu der jungen männlichen Prostituierten,

Genet im Mai 1961

das ihn unwiderstehlich anzieht. Genet hat aus der Prostitution keinen Beruf gemacht, aber in dem Beruf, den er schließlich ergriff, der des Dichters und Dramatikers, hat er dem Milieu der käuflichen Homosexuellen bestürzend schöne Denkmäler gesetzt. Er ist immer einer von ihnen geblieben, auch als er zu Ruhm und Geld gekommen war.

Nach seinem Aufenthalt in Spanien versucht es der junge Mann ein zweites Mal mit der Armee, wieder mit einem kolonialen Regiment. So kann er seine Reiselust befriedigen. Er wird in Marokko stationiert. Aber es hält ihn dann doch nicht beim Barras. Er desertiert und liefert den Strafverfolgungsbehörden nunmehr einen zweiten Haftgrund. Auf der Flucht vor der Polizei vagabundiert er durch ganz Europa. Er kommt auch nach Deutschland und entwickelt eine gewisse Sympathie für die Nazis, die ja immerhin Gegner der verhassten Franzosen sind und ihnen später sogar eine vernichtenden Niederlage beibringen werden. Und die einen schwülen Männlichkeitskult pflegen. Auf seiner Wanderschaft gelingt es Genet, sich lesend durch die Weltliteratur zu arbeiten und gebildete Freunde zu finden, die ihn mit Büchern versorgen.

1939/40 ist er wieder in Frankreich – und bald im Gefängnis, wo er seinen ersten Roman, *Notre-Dame-des-Fleurs*, schreibt, den er 1942 abschließt. Der Roman spielt ausschließlich unter den männlichen Huren vom Pariser Montmartre, unter ihren Freiern und Zuhältern. Genet schildert in lyrischem Ton Liebespassionen und Eifersucht, er lässt keinen Zweifel daran, dass die Gefühle dieser ›Ganz-Verdammten‹ am Rande der Gesellschaft für ihn reiner und tiefer sind als die seiner Erzfeinde, der braven Bürger. ›Notre-Dame-des-Fleurs‹ ist eine Art Künstlername für einen jugendlichen Stricher, der – für den radikalen Ästheten Genet ist das wichtig – blond und schön war und der weiter ging, als sich nur zu verkaufen. Er beraubte und ermordete einen alten Mann und wurde dafür hingerichtet. Diese Geschichte ist einem wahren Fall nachempfunden, der Genet erschütterte.

Das Manuskript kommt dem damals tonangebenden (ebenfalls homosexuellen) Dichter Jean Cocteau zu Gesicht. Cocteau ist beeindruckt und kann mit Unterstützung Sartres und anderer Genets Freilassung erwirken. Der Roman erscheint und wird ein großer Erfolg. Genet, jetzt ›Orpheus der Gosse‹ genannt, schreibt weiter. In einem wahren Schaffensrausch wirft er die Romane *Das Totenfest*, *Wunder der Rose*, *Tagebuch eines Diebes* und *Querelle* aufs Papier. Er lebt in kleinen Hotels, kleidet sich nachlässig mit immer den gleichen Sachen, stößt Prominente, die sich um ihn bemühen, vor den Kopf. Ein ›Bürger‹ wird nicht aus ihm, auch jetzt nicht, wo er Geld verdient.

»Am interessantesten ist die Innenseite der Außenseiter.« Jean Genet

In der zweiten Hälfte seiner kreativen Zeit hat Genet weltweit gespielte Theaterstücke geschrieben: *Die Zofen*, *Unter Aufsicht*, *Die Neger* und *Die Wände*. Schauplätze sind vorzugsweise Gefängnisse und Bordelle. Er wird überallhin eingeladen, auch nach Amerika, die Welt spricht von ihm. Doch er bleibt ein Außenseiter, verweigert den Dialog mit den bürgerlichen Literaten, und wenn er sich doch mal auf sie einlässt, kommt es bald zum Krach. Die 1968er Revolte elektrisiert ihn, begeistert unterstützt er die Black Panthers. Sich irgendwo niederlassen – das kann Genet nicht. Aber er verhilft anderen zur Sesshaftigkeit – jungen Männern, mit denen er auch Liebesverhältnisse hat (oder anstrebt). Er managt die Karriere des Hochseilartisten Abdallah. Nach dessen Freitod fällt er in eine tiefe Depression. Für seinen letzten Gefährten und für andere Freunde kauft oder baut Genet Häuser, er will seine Lieblinge versorgt wissen. In den letzten zwanzig Jahren seines Lebens schreibt er kaum noch etwas. Er setzt sich für die Sache der Palästinenser ein und immer wieder für die Schwarzen.

Jean Genet stirbt 1986 in Paris an Kehlkopfkrebs. Auf seinen Wunsch wird er in Marokko begraben, auf einem kleinen spanischen Friedhof in Larache, den kaum jemand besucht.

Rosemarie Nitribitt (1933–1957)

Edelhure im Mercedes-Cabrio

Rosemarie Nitribitt mit ihrem Pudel Joey

Das deutsche Wirtschaftswunder kam in den Fünfzigerjahren über eine Gesellschaft, die das Kriegstrauma noch längst nicht verwunden hatte und deshalb moralisch und politisch auf Wohlverhalten setzte. Das galt insbesondere für Frauen. Nach deren Abwegen als Rüstungsarbeiterinnen und ›Karbolmäuschen‹ (= Schwesternhelferinnen in den Lazaretten) sollten sie jetzt dazu beitragen, eine schöne Ordnung aufrechtzuerhalten. Während die Männer wieder pünktlich zur Arbeit gingen und gutes Geld nach Hause brachten, sollten die Frauen ihrer ›ureigenen Bestimmung‹ nachkommen, Kinder auf die Welt bringen und gut kochen. Die große Mehrheit der weiblichen Bevölkerung hörte diesen Ruf, wurde Mutti und Hausfrau und so das gute Gewissen einer geläuterten Nation.

Mit dem Wohlstand kam aber auch die Freude am Genuss. Die ersten Güter, die über das Notwendige hinauswiesen, wurden produziert oder importiert, das waren Spitzenunterwäsche, Kaviar in Dosen und Sportwagen mit roten Ledersitzen. In den Metropolen entstand, gut abgeschottet gegen die brave Normalität, ein hedonistisches Milieu, in dem reizende Mädchen posierten, Jazz dröhnte, Sekt strömte und kubanische Zigarren geraucht wurden. So auch in Frankfurt, der stark zerstörten Mainmetropole, die keine Zeit verlor, um wieder in alter Tradition Handel zu treiben und sich der neuen Zeit als Finanzplatz anzudienen. Kurz und gut: Geld war übrig und man konnte wieder feiern. Davon hörte eine Zwanzigjährige aus Düsseldorf, die mehrfach aus Erziehungsheimen ausgerissen war und nun nach Frankfurt kam, um als Freudenmädchen ihr Glück zu machen. Sie hieß Rosemarie Nitribitt. Mithilfe eines Anwalts ließ sie sich mit neunzehn für volljährig erklären, mietete eine Wohnung in der Innenstadt und sah sich nach wohlhabenden Freiern um.

Nitribitt passte in die Szene. Sie war genauso angeschlagen wie Frankfurt und genauso fest entschlossen, nach vorne zu schauen. 1933 war Rosalie Marie Auguste als Tochter einer achtzehnjährigen Putzfrau auf die Welt gekommen, den Vater hat sie nie gesehen. Ihrer straffälligen Mutter wurde das Kleinkind weggenommen und in Heime und zu Pflegeeltern gesteckt. Als Elfjährige wurde Rosie von einem Soldaten vergewaltigt, die Tat kam nicht zur Anzeige. Zwei Jahre später freundete sie sich mit zwei Huren an und ließ sich in deren Gewerbe einführen. Das

Jugendamt war hinter ihr her und sie landete sogar im berüchtigten Arbeitshaus Brauweiler, wo sie Tüten kleben musste. Das ging nicht lange gut, im Ausreißen hatte Rosie Übung. Aus einer längeren Bekanntschaft mit einem türkischen Unternehmer ging ein Opel Kapitän hervor, damals durchaus ein Wagen, der was hermachte. »Sie geht nicht auf den Strich«, hat ein Chronist über sie gesagt, »sie fährt auf den Strich«. Wer immer die Affäre damals schon miterlebt hat und heute an sie zurückdenkt, sieht die Blondine vor sich, wie sie im offenen Wagen sitzt, den Ellbogen ins Fenster gehängt, vielleicht mit einer Sonnenbrille. Rosemarie nennt sich jetzt Rebecca und verdient bald so viel Geld, dass sie sich einen schwarzen Mercedes 190 SL Cabrio mit roten Ledersitzen leisten kann, dazu einen weißen Pudel, Joey.

»Rosie geht nicht auf den Strich, sie fährt auf den Strich.« Rosemarie Nitribitt

Die Jahre nach 1954 sind Nitribitts große Zeit. Sie inszeniert sich als kostspielige Lebedame, als Edelprostituierte, die 200 Mark und mehr die Nacht wert ist. Mit dem Rotlichtviertel ist es vorbei, die Verabredungen werden jetzt telefonisch getroffen. In Grand Hotels gibt der Empfangschef diskret ihre Nummer weiter – an ausgesuchte Kunden, versteht sich. Einen mehrjährigen Freund und Beschützer hat Rebecca auch, den Handelsvertreter Heinz Pohlmann. Ein Zuhälter im üblichen Sinne aber ist der bisexuelle Pohlmann nicht, Rebecca arbeitet selbstverantwortlich. Sie absolviert einen Benimmkurs und lernt für die Besatzungsoffiziere ein wenig Englisch und Französisch, Bildung erhöht den Marktwert. Ihr Domizil ist inzwischen eine geräumige Neubauwohnung in der Stiftstraße 36 am Eschenheimer Turm. Die Nachbarn dort scheren sich eh nicht groß umeinander, und wenn mal einer fragt, was sie denn so mache, heißt die Antwort: Mannequin. Das glaubt man ihr sofort, denn sie ist gertenschlank, sehr gepflegt und elegant, die großen, leicht vorstehenden Augen schauen ernsthaft und ein wenig abschätzig in die Welt.

Nitribitts Investitionen in Erscheinung und Auftreten zahlen sich aus, sie pflegt bald Kontakte zur Prominenz aus Halbwelt und Hochfinanz. Harald von Bohlen und Halbach gehört zu ihren Kunden, ebenso Harald Quandt, die Brüder Ernst Wilhelm und Gunther Sachs sind auch bei ihr zu Gast. Dass selbst Spitzenpolitiker aus Bonn den Weg in die Frankfurter Stiftstraße fanden, ist nicht belegt, aber sehr wahrscheinlich.

Das Callgirl mit ihrem Mercedes 190 SL Roadster in den Fünfzigerjahren

Nitribitt genießt ihren Erfolg. Keiner ahnt mehr, dass sie von ganz unten kommt, denn sie ist nun ganz oben, mitten in der Schickeria, die sich ihren Glamour selbst noch nicht so richtig abnimmt. Ihr Glück macht sie übermütig. Sie spielt ihre vermögenden Freier gegeneinander aus, betreibt Quasi-Erpressung mit vorgetäuschten Schwangerschaften, verführt die Partner schwuler Freunde und jagt alten Kunden einen Schrecken ein, indem sie behauptet, ein Mikrofon sei in ihrem Schlafzimmer versteckt, es laufe ein Tonband. Man hat später unterstellt, sie habe auch Industriespionage betrieben, was aber nicht bewiesen werden konnte. Ihr größter Fehler: Sie nimmt es nicht mehr so genau mit der Diskretion, die in ihrem Gewerbe nicht bloß Ehrensache ist, sondern erste und ernste Pflicht. »Irgendwann schlägt mir noch einer den Schädel ein«, sagt sie im Spätsommer 1957 zu einem Freund. Sie lacht, als sie das sagt, aber sie meint es auch selbstkritisch. Denn sie ist klug

Rosemarie Nitribitt in Dessousmodel-Pose in ihrer Frankfurter Wohnung

genug zu wissen, wie gefährlich der Grat ist, auf dem sie balanciert.

Am 1. November dieses Jahres wundert sich die Putzfrau, dass Nitribitt nicht öffnet, während Joey drinnen winselt. Auch stapeln sich Brötchen-Tüten auf dem Treppenabsatz. Die Polizei kommt, sie muss die unverschlossene Tür nicht aufbrechen. Nitribitts toter Körper liegt auf dem Boden, es gibt Anzeichen eines Kampfes. Der Kopf der Frau weist eine blutverkrustete Wunde auf. Den Tod fand Rosemarie durch Erdrosseln. Von den beträchtlichen Summen Bargeldes, die sie üblicherweise bei sich zu Hause verwahrte, ist nur ein minderer Betrag vorhanden. Die Polizei geht von Raubmord aus.

Was folgt, ist eine Serie von Ermittlungspannen und der Beginn des Mysteriums Nitribitt. Der Mord wurde nie aufgeklärt. Ein Teil der Akten war jahrzehntelang unauffindbar. Heinz Pohlmann hat man vor Gericht gestellt, mangels Beweisen aber freigesprochen. Dieser Mann, ihr Vertrauter, hatte kurz nach dem Mord Schulden in größerer Höhe beglichen. Das machte ihn verdächtig – aber: Warum hätte er seinen Goldesel umbringen sollen? Pohlmann verdiente allerdings an ihrem Tod, er stellte der Illustrierten *Quick* Material zur Verfügung und soll von der Familie Krupp ein Schweigegeld kassiert haben. »Schließlich standen ja das deutsche Ansehen und die Interessen der westdeutschen Export-Industrie auf dem Spiel«, so der Krupp-Anwalt.

In der Tat. Es war Rosemarie Nitribitt, die sterbend den Schleier der Wohlanständigkeit von der jungen Bundesrepublik wegzog und deren Doppelmoral entlarvte. Ihr Tod im Alter von 24 Jahren machte Rosemarie berühmt. Alle redeten über sie. Noch war der Nachkriegsmangel nicht völlig überwunden, und so war es durchaus eine Meldung, dass eine Prostituierte wie die Nitribitt mehrere Tausend D-Mark im Monat kassierte, während das Durchschnittseinkommen des hart arbeitenden Deutschen bei 400 Mark lag. Und überhaupt: dieser Mercedes und dieser Nerzmantel, dieser Brillantschmuck. Luxus wurde ein Thema, seine Nähe zur Sünde fiel auf. Die Bundesrepublik musste der Tatsache ins Auge sehen, dass es da noch mehr gab als schaffende Ehemänner und putzende Hausfrauen. Der erste Film über die Nitribitt, *Das Mädchen Rosemarie* von Rolf Thiele mit Nadja Tiller im Jahre 1958, geriet zum Skandal. Sechzehn einstweilige Verfügungen verzögerten die Uraufführung.

Nadja Tiller als Rosemarie Nitribitt im Film *Das Mädchen Rosemarie*, 1958

Es gab noch mehr Filme, es gab Bücher und unzählige Artikel. Womöglich wäre es schon bald still um das Playgirl geworden, hätte man ihren Mörder dingfest gemacht. Aber so wie die Dinge lagen, hielt sich hartnäckig das Gerücht, dass ›ganz oben‹ Drahtzieher am Werk seien, die sich der Aufklärung in den Weg stellten. Sicherlich gab es Männer, die ihren Namen ungern im Zusammenhang mit der Affäre Nitribitt gesehen hätten. Aber selbst nachdem die verschwundenen Akten fünfzig Jahre nach dem Mord wieder aufgetaucht waren, konnte keine neue Spur entdeckt werden.

Auch das berühmte Cabrio blieb unauffindbar. Der Ehrenvorsitzende des Mercedes-Benz 190 SL Clubs schrieb in einem Artikel, bei dem es um den Verbleib des Kultwagens ging, über Rosie: »Sie hatte die Prostitution mobil gemacht, indem sie diese auf vier Räder stellte und sich mit einem auffallenden Fahrzeug selbst zur Reklamefigur machte.« Als Chiffre für die junge Bundesrepublik, die ganz auf Motorisierung, Konsumsteigerung und eine Fassade der Wohlanständigkeit setzte, ist dieser Satz ausgesprochen passend.

Christine Keeler *(*1942)*

Callgirl und Fotomodell

London 1962. John Edgecombe schießt sieben Mal auf die Haustür des Arztes Stephen Ward in Wimpole Mews, London. Der Jazzmusiker und Drogenhändler besteht darauf, dass Christine Keeler endlich rauskomme und mit ihm rede, immerhin hätten sie doch ein intimes Verhältnis. Diese Schießerei – das Gericht wird später von Mordversuch sprechen – bringt eine Lawine ins Rollen. Edgecombe, eingewanderter Brite aus dem Commonwealth, heißt in der Folge bei Presse und Polizei fast nur noch abschätzig ›Urwaldhase‹. Die Lawine wird so einiges unter sich begraben, aber auch unbekanntes Terrain freilegen. Keelers väterlicher Freund Ward nimmt sich im Verlauf der Affäre das Leben, ein Minister tritt zurück, eine Regierung stürzt, und die bilateralen Beziehungen zwischen dem Vereinigten Königreich und der Sowjetunion verschlechtern sich. Und alles nur wegen der attraktiven 19-jährigen Christine Keeler. Die junge Frau vom Lande hatte mit dem englischen Kriegsminister Profumo, dem russischen Diplomaten und mutmaßlichen Spion Iwanow und einigen anderen hochgestellten Herren der englischen Aristokratie verkehrt. Einige der an der Profumo-Affäre beteiligten Personen haben dafür teuer bezahlt, andere sind billig davongekommen. Es hat mit Politik auf höchster Ebene zu tun, aber auch mit Klassengegensätzen, die in England nach wie vor stark spürbar sind. Doch vor allem geht es um heftige Empörung und moralische Verurteilung, die Züge einer Hexenjagd tragen. Und diese Entrüstung richtet sich eindeutig gegen die Frau, nicht gegen den Mann – und das bis heute. Was genau steckt dahinter?

Christine Keeler wird 1942 in Uxbridge geboren. Sie ist drei Jahre alt, als der Vater die Familie verlässt. In den Nachkriegsjahren leben Christine, ihre Mutter und deren Lebensgefährte in einem ausrangierten Eisenbahnwaggon, zu Beginn gar ohne Heizung und Elektrizität. Da es auch wenig zu essen gibt, landet die magere Christine in einem Camp in Littlehampton – eine typische Kinderlandverschickung der Nachkriegszeit. Wegen der chronischen Geldknappheit trägt das Mädchen noch vor Unterrichtsbeginn Zeitungen aus. Sie ist 15 Jahre alt, als ihre Mutter sie bei der Arbeitsvermittlung anmeldet. In einem Büro kann sie als Sekretärin arbeiten, doch bleibt sie dort nicht lange. Immer wieder wechselt sie in kurzen Abständen den Arbeitsplatz, nirgends passt es ihr. Die Mutter geht mit der launenhaften Tochter zum Arzt, der überweist zu einer

Das Callgirl in seiner Wohnung im Londoner
Stadtteil Chelsea, ca. 1963

Psychiaterin, die rät, das Kind für einige Zeit aus dem Umfeld des ungeliebten Stiefvaters zu entfernen. Es gibt Hinweise, dass er sich ihr sexuell genähert habe. Als sie einen Job als Mannequin in London ergattert, bedeutet dies den Absprung vom Elternhaus. Doch eine Weile noch pendelt sie jeden Tag in die Hauptstadt.

Die Berufsbezeichnung Mannequin meint in den Sechzigerjahren, dass eine Frau Kleider in einem Modegeschäft vorführt. In Kleinanzeigen wird der Begriff dann später zum Synonym für Prostituierte. In der großen Stadt wird Christine eine Aufmerksamkeit zuteil, die ihr neu ist und ihr schmeichelt. Es geht dabei gar nicht nur um Sexappeal, sondern eher um die Bestätigung des Selbstwerts und um den Genuss der Macht, die damit einhergeht. Doch niemand hat sie darauf vorbereitet. Aufklärung fand damals generell kaum statt, und wenn, dann auf der Straße. Vielen jungen Mädchen war noch nicht mal ganz klar, wie eine Schwangerschaft zustande kommt. Christine Keeler ist sechzehn, als sie sich mit einem amerikanischen Feldwebel einlässt und ein Kind erwartet. Sie versucht, den Fötus mit Stricknadeln abzutreiben, vergeblich. Das Kind wird vorzeitig geboren und bleibt nur sechs Tage am Leben. Keeler zieht es nun endgültig nach London.

Christine Keeler im Sommer 1962 im spanischen Valencia

Sie findet zunächst Anstellung als Kellnerin in der Baker Street, dann als Tänzerin in Murray's Cabaret Club in Soho; Ausziehen gehört hier zur Show. In dem Club lernt Keeler dann Stephen Ward kennen, schon bald zieht sie bei ihm ein. Ward umgibt sich gern mit schönen jungen Frauen. Mit Keeler schläft er nicht, das Verhältnis bleibt freundschaftlich. Der

Doktor ist ein gut verdienender Osteopath, zu seinen Patienten gehören Prominente wie Frank Sinatra, Elizabeth Taylor oder Winston Churchill. Er genießt es, dass solche Persönlichkeiten seine Dienste schätzen und in seinem Haus verkehren. Zu den Diensten gehört auch, dass er aufgrund seiner Verbindungen tolle Parties organisieren kann. Einer der Gäste ist der konservative Politiker John Profumo, Baron und frisch gekürter Kriegsminister. Familienmotto: Tugend und Arbeit. Profumo lernt Keeler bei einer Poolparty kennen. In den nächsten Wochen werden der Minister und das Mädchen öfter miteinander schlafen, mal in seinem herrschaftlichen Palast, mal in Wards Haus.

Wegen der sieben Schüsse des ›Urwaldhasen‹ Edgecombe auf die Tür des Doktors wird die Presse auf die Geschichte aufmerksam, Profumo gerät in die Schlagzeilen. Der Politiker, verheiratet mit der Schauspielerin Valerie Hobson, sagt in einer persönlichen Erklärung vor dem Parlament aus, dass »nichts Ungebührliches« an seiner Beziehung mit Frau Keeler gewesen sei. Und er ist bereit, Klage gegen jedermann zu führen, der anderes behauptet. Ein Labourabgeordneter weiß es dann aber besser. Und schließlich war die Geliebte des Ministers ja auch mit einem gewissen Herrn Iwanow im Bett. Die Sicherheit des Landes steht angeblich auf dem Spiel. Die Profumo-Affäre wird zur Staatsaffäre. Der Minister muss bekennen, dass er das Parlament belogen hat, und tritt zurück. Ein halbes Jahr später ist die Regierung Macmillan am Ende.

»Ich habe meine Liebe großzügig verteilt. Das ist meine Natur.«

Christine Keeler

Keeler wird vom Gericht der Prostitution bezichtigt und wegen Meineids zu neun Monaten Gefängnis ohne Bewährung verurteilt. Als sie das Gerichtsgebäude verlässt, wird sie bespuckt, geschlagen und beschimpft: »Verbrennen soll man sie.« Die Anklage gegen Ward lautet, er bestreite seinen Lebensunterhalt aus »unmoralischen Einkünften«, sprich Zuhälterei, was jeder Grundlage entbehrte. Kurz vor der Urteilsverkündung nimmt er sich das Leben. Diese Suizidversion gilt jedenfalls jahrzehntelang. Mittlerweile sind Belege und Zeugen aufgetaucht, die nahelegen, dass Ward ermordet wurde, und zwar im Auftrag der britischen Geheimdienste MI5/MI6. Das klingt nach Verschwörung, und es war wohl eine. Bis heute werden Dokumente zurückgehalten, was den

Christine Keeler im Oktober 1963 auf
dem Weg zur Gerichtsverhandlung

Verdacht verstärkt, dass Wards und Keelers Kontakte bis in die Spitzen der Regierung reichten.

Als die BBC in den Achtzigerjahren eine Serie über den Skandal produzieren will, wird das Projekt kurz vor Fertigstellung abgebrochen. Auch alle anderen TV-Stationen stellen nach und nach ihre Recherchen ein, verantwortliche Redakteure, die partout weitermachen wollen, werden entlassen. 1989 entsteht dann der Film *Scandal*, mit Keeler als Beraterin. Man sieht die Darstellerin beim Akt, und sie wirkt recht unbeteiligt. Wie die echte Christine Keeler selbst einräumt, hat sie den Sex noch nicht einmal genossen. Die Öffentlichkeit interessiert sich ohnehin mehr für ihre Liebhaber, sieht in diesen die Opfer der Affäre. So auch die altgediente BBC-Moderatorin Sue Lawley, die Keeler anlässlich des Films interviewt. Mit dem Wissen, dass das Establishment und die Zuschauer ihre Empörung teilen, gibt sie kund: »John Profumo hat genug gelitten!« Und dann fragt sie Keeler: »Gibt es einen unter diesen vielen Männern, den Sie tatsächlich geliebt haben?«

Aber Keeler ist in die englische Geschichte der Sechzigerjahre nicht bloß als Skandal-Auslöserin eingegangen. Auf dem Höhepunkt der Affäre stand sie dem Fotografen Lewis Morley Modell. Vertraglich waren zwar Nacktbilder vereinbart, doch Keeler weigerte sich. Sie ließ sich aber dazu überreden, rittlings und mit bloßen Schultern und Beinen auf einem Stuhl des Designers Arne Jacobsen Platz zu nehmen. So werden Bauch und Brust durch die Rückenlehne verdeckt, in der Fantasie des Betrachters ist sie jedoch nackt. Das Foto gewinnt ikonografischen Charakter und wird zum Sinnbild der Swinging Sixties.

Christine Keeler hat auch ein Buch über ihre Sicht der Dinge geschrieben. Schon während des Skandals verkaufte sie ihre Geschichte an die Presse für insgesamt mehr als umgerechnet eine halbe Millionen Euro. John Profumo nimmt nur wenige Jahre später bei Banketten an der Seite der Queen Platz, Margaret Thatcher lädt ihn zu ihrem 70. Geburtstag ein, und er wird zum Ritter geschlagen. Christine Keeler lebt nach zwei geschiedenen Ehen heute allein und von Sozialhilfe. »Männer interessieren mich schon lange nicht mehr. Sie sind so schlicht. Ich möchte nicht über sie nachdenken.«

Domenica Niehoff *(1945–2009)*

Dirne, Domina, Sozialarbeiterin

In den Achtzigerjahren begannen die Frauen wieder einmal dünner zu werden.

Es gab bereits das Ideal der Twiggy aus den Sechzigern, nun machten viele Aerobic, die Fitnesswelle schwappte hoch, und die Trimm-dich-Pfade in den Wäldern wurden eifrig genutzt. Es war die Gegenbewegung zu den schlappen Hippies, die Frauen trugen sportliche Kleidung und am ganzen Körper Schweißbänder. Und in diesem Moment erschienen fast zeitgleich in den Großstädten Berlin und Hamburg zwei üppige Prostituierte auf der Bildfläche, die mit ihrer Fülle und ihren Rundungen ein völlig anderes Ideal verkörperten – Molly Luft und Domenica Niehoff. Viele Männer waren begeistert. Vielleicht rührte diese Verzückung auch von der Selbstverständlichkeit und dem Selbstbewusstsein, mit der diese beiden Frauen ihre Weiblichkeit inszenierten.

Molly Luft, die ›dickste Hure Deutschlands‹, arbeitete seit 1975 als Prostituierte in Berlin; sie war eher der mütterliche Typ. Domenica war die Domina von der Hamburger Herbertstraße, einer berüchtigten sechzig Meter langen Gasse nahe der Reeperbahn, die von den Nazis 1933 an beiden Seiten mit Toren abgesperrt worden war, sodass ein neugieriger Blick von außen nicht möglich war. Domenica besaß die raue Glaubwürdigkeit der Straße, die auch ein wenig einschüchterte. Aber die Männer erkannten in ihr noch etwas anderes, zumindest die, die ihr nicht nur auf die »Titten glotzten«, sondern ihr ins Gesicht sahen: »Die mir ins Gesicht geguckt haben, das waren die besten Freier. Viele haben aber auch gesagt, sie könnten mit mir nicht mitgehen. Meine Augen wären zu traurig.«

Der Krieg ist gerade vorbei, als Domenica Anita Niehoff 1945 in Köln zur Welt kommt. Der Vater, ein italienischer Eisverkäufer, ist so gewalttätig, dass Mutter Anna mit ihren Kindern fliehen muss. Frauenhäuser gibt es noch nicht, also hält sie die Familie mit Kartenlesen und Gaunereien über Wasser. Das geht nicht lange gut, die Familie wird geteilt: die kleine Angelina bleibt bei der Mutter, Domenica (4) und ihr jüngerer Bruder Amando kommen in ein katholisches Waisenhaus, wo sie die nächsten zehn Jahre abgeschottet von der Außenwelt erzogen werden: »Ich war damals nicht lebensfähig, ich wusste nicht, was draußen los war, ich war ein Träumerkind.« Danach muss Domenica zurück zur

Domenica Niehoff in der Fernsehshow
Rote Laterne, 1992

ungeliebten Mutter. Als sie 14-jährig im weißen Kleid die heilige Kommunion empfangen will, versucht die Polizei noch auf der Kirchentreppe vor aller Augen ihre Mutter wegen Hehlerei festzunehmen. Sie konnte entkommen, doch Domenica stellte fest: »Mein schönster Tag war gelaufen.«

Sie soll Buchhalterin werden, doch sie bricht die Lehre ab. »Meine Mutter, eine Zockerin und Ganovenbraut, erwischte mich am helllichten Tag bei meinem ersten Kuss, schlug mich und schrie: ›Hure! Hure! Wenn du ein Kind kriegst, trete ich es dir aus dem Bauch.‹« Das saß. Domenica ist nie in ihrem Leben schwanger geworden. Sie ist siebzehn, als sie den 25 Jahre älteren Bordellbetreiber Kuno kennenlernt und bald heiratet. Kuno hat Geld, Domenica lebt mit ihm in Saus und Braus. Zehn Jahre später erschießt er sich. Im selben Jahr wird sie von einem Kollegen ihres Mannes, der Kiezgröße ›Hanne‹ Kleine, nach Hamburg geholt. Er ist Mitbegründer der ›Ritze‹, einer Hinterhofkneipe mit Boxkeller auf St. Pauli. »Ich hatte nichts, stand auf der Straße. Vorher war ich Luxus gewöhnt: Champagner, Schmuck, Pelze. Das wollte ich wiederhaben. Und die Szene kannte ich von Kuno. Da war der Weg, anschaffen zu gehen, nicht weit.« Domenica beginnt ihre Karriere im Großbordell Palais d'Amour, dem späteren Laufhaus Eros-Center mit 140 Betten, bevor sie in die Herbertstraße zieht. Dort laufen die Freier an Schaufenstern entlang, in denen sich die Huren präsentieren. Domenicas Alleinstellungsmerkmale sind ihre streng zurückgekämmten Haare und ihr riesiger Busen. Mit Mitte dreißig macht sie sich als Domina im eigenen Studio selbstständig. Sie ist gut im Geschäft, als ihre andere Karriere beginnt.

»Ich kannte die Szene. Da war der Weg, anschaffen zu gehen, nicht weit.« Domenica Niehoff

1980 tritt sie in dem Erotikfilm *Messalina, Kaiserin und Hure* auf. Als sie 1981 ein Fotograf in ihrer Arbeitskleidung porträtiert und die Bilder in einem Fotoband erscheinen, wird sie bundesweit bekannt. »Als ich mich outete, war das Leben in Hamburg die Hölle. Alle haben mich angestarrt.« Sie wird noch in weiteren Streifen zu sehen sein, immer wieder geht es dabei um das Thema Prostitution: *Desperado City*, *Taxi nach Kairo*, *Fernes Land Pa-isch* oder das Biopic *Domenica*. Auch im Fernsehfilm *Hurenstreik* spielt sie sich selbst.

Domenica beginnt, sich für die Belange von Prostituierten zu engagieren. Sie will nicht nur deren gesellschaftliche Anerkennung erreichen, sondern auch die Legalisierung ihres Berufsstandes. Dafür besucht sie Talkshows, in denen sie sich immer wieder selbst als Hure bezeichnet. Das war in dieser Deutlichkeit neu. Ihre Rede ist rau und ehrlich, sie nennt die Dinge beim Namen. Sie ist nahbar, großmütig und großzügig, Obdachlosen steckt sie nicht wenig Geld zu. Sie nimmt die Bordsteinschwalben unter ihre großen Fittiche, lässt sie bei sich wohnen, erledigt ihren Behördenkram und leistet auch mal Widerstand gegen zudringliche Zuhälter. Ihr Selbstverständnis: »Allein die Tatsache, dass ich tagtäglich meinen Körper vermiete, bedeutet noch lange nicht, dass ich mich mit Haut und Haaren verkaufe.«

Plakat zum Film *Desperado City* (1980), in dem Domenica Niehoff eine Prostituierte spielte.

Wenn sie mal von einem Mädchen beklaut wird, kann sie schnell und großherzig verzeihen, auch wenn die Enttäuschung tief geht: »Die haben mit den Löffeln von meinem schönen Besteckservice ihr Heroin aufgekocht. Die nehmen mein Geld, und dann sehe ich sie auf St. Georg im Nerzjäckchen stehen.« Dass ihr wegen dieser Umstände immer wieder die Wohnung gekündigt wird, nimmt sie hin. Der Dichter Wolf Wondratschek schreibt über sie: »Ihr Gang wirkte wie die Fortbewegung einer tropischen Schlingpflanze. Sie war fett und saftig. Eine schlafende Schlange. Ein Wildwuchs, der Millionen Jahre überdauert hatte. Wenn sie mit dem Hintern wackelt, fließen die Flüsse bergauf.«

Streetworkerin Domenica Niehoff in den Neunzigerjahren

In den nächsten Jahren spielt Domenica immer öfter Theater – etwa in Brechts Ballett-Oper *Die sieben Todsünden*: »Ich hätte alle sieben spielen können. Mir haben sie aber nur eine Rolle gegeben. Ich spielte den Stolz. Ich muss sagen, dass ich bei den Proben sehr viel weinte. Das Stück hatte viel mit mir zu tun. Da ziehen zwei Schwestern aus, um ihr Glück und das große Geld zu machen. Das war bei mir und meiner Schwester auch so. Sie ist daran gestorben.« Ihr ausladendes Dekolleté erscheint auf dem Cover der Single *Bum Bum* der Band Trio; auch im Video spielt sie mit.

1990 legt sie ihre Arbeit als Prostituierte nieder und engagiert sich verstärkt für die Belange der Huren. In einem Café des Diakonischen Werks in St. Georg will sie helfen, junge Mädchen vom Strich zu holen, aber die Kirche lässt sie nicht. Sie ruft das Hurenhilfsprojekt ›Ragazza‹ ins Leben und verdient nun ihr Geld als Sozialarbeiterin in dieser Drogenberatungsstelle für Mädchen und Frauen. Dazwischen immer wieder Öffentlichkeitsarbeit in eigener Sache. Sie singt *Alle meine Freier*, lässt sich auf einer Comicmesse porträtieren, veröffentlicht ihre Autobiografie *Körper mit Seele*. Sie schreibt noch weitere Bücher, immer mit Ghostwritern, diese wirken allerdings wie verschriftlichte Interviews. Ihr Charme und ihre Persönlichkeit kommen nicht zur Geltung, die Domina ist unzufrieden. Ihre Autobiografie findet sie »beschissen«. »Ich habe ja nicht mal das Manuskript vorher lesen dürfen. Nach dem faulen Ei muss ich noch mal was Richtiges machen.«

Als 1996 Papst Johannes Paul II. nach Deutschland kommt, probiert sie sich als Gegenpäpstin; immerhin kennt sie sich im Katechismus aus. In Berlin kürt die Deutsche AIDS-Hilfe Domenica zum weiblichen Kirchenoberhaupt. In dieser Rolle propagiert sie die gleichgeschlechtliche Sexualität als »kirchlich gebilligte Methode der Schwangerschafts-

Domenica Niehoff in der Fernsehshow
Rote Laterne, 1992

ungeliebten Mutter. Als sie 14-jährig im weißen Kleid die heilige Kommunion empfangen will, versucht die Polizei noch auf der Kirchentreppe vor aller Augen ihre Mutter wegen Hehlerei festzunehmen. Sie konnte entkommen, doch Domenica stellte fest: »Mein schönster Tag war gelaufen.«

Sie soll Buchhalterin werden, doch sie bricht die Lehre ab. »Meine Mutter, eine Zockerin und Ganovenbraut, erwischte mich am helllichten Tag bei meinem ersten Kuss, schlug mich und schrie: ›Hure! Hure! Wenn du ein Kind kriegst, trete ich es dir aus dem Bauch.‹« Das saß. Domenica ist nie in ihrem Leben schwanger geworden. Sie ist siebzehn, als sie den 25 Jahre älteren Bordellbetreiber Kuno kennenlernt und bald heiratet. Kuno hat Geld, Domenica lebt mit ihm in Saus und Braus. Zehn Jahre später erschießt er sich. Im selben Jahr wird sie von einem Kollegen ihres Mannes, der Kiezgröße ›Hanne‹ Kleine, nach Hamburg geholt. Er ist Mitbegründer der ›Ritze‹, einer Hinterhofkneipe mit Boxkeller auf St. Pauli. »Ich hatte nichts, stand auf der Straße. Vorher war ich Luxus gewöhnt: Champagner, Schmuck, Pelze. Das wollte ich wiederhaben. Und die Szene kannte ich von Kuno. Da war der Weg, anschaffen zu gehen, nicht weit.« Domenica beginnt ihre Karriere im Großbordell Palais d'Amour, dem späteren Laufhaus Eros-Center mit 140 Betten, bevor sie in die Herbertstraße zieht. Dort laufen die Freier an Schaufenstern entlang, in denen sich die Huren präsentieren. Domenicas Alleinstellungsmerkmale sind ihre streng zurückgekämmten Haare und ihr riesiger Busen. Mit Mitte dreißig macht sie sich als Domina im eigenen Studio selbstständig. Sie ist gut im Geschäft, als ihre andere Karriere beginnt.

»Ich kannte die Szene. Da war der Weg, anschaffen zu gehen, nicht weit.« Domenica Niehoff

1980 tritt sie in dem Erotikfilm *Messalina, Kaiserin und Hure* auf. Als sie 1981 ein Fotograf in ihrer Arbeitskleidung porträtiert und die Bilder in einem Fotoband erscheinen, wird sie bundesweit bekannt. »Als ich mich outete, war das Leben in Hamburg die Hölle. Alle haben mich angestarrt.« Sie wird noch in weiteren Streifen zu sehen sein, immer wieder geht es dabei um das Thema Prostitution: *Desperado City*, *Taxi nach Kairo*, *Fernes Land Pa-isch* oder das Biopic *Domenica*. Auch im Fernsehfilm *Hurenstreik* spielt sie sich selbst.

verhütung« und spricht den Transvestiten Charlotte von Mahlsdorf heilig. Einige konservative Politiker sind so empört, dass sie einen Gesetzesentwurf im Bundestag einbringen, der die Blasphemie unter Strafe stellen soll; natürlich kommt er nicht durch. Als ihr Bruder Amando stirbt, kann sie ihre Schulden tilgen und erbt sein Haus in Boos in der Eifel. Sie versucht, dort zu leben und als Pensionswirtin in ›Domenicas Nähkästchen‹ über die Runden zu kommen, doch das misslingt. Dann lieber zurück nach Hamburg in eine Sozialwohnung. »In Boos war es so langweilig, ich hab nur gekocht, gefuttert, gekocht, gefuttert. Ehrlich, ich bin da völlig vereinsamt. Jetzt paffe ich zwei Schachteln am Tag, hab Diabetes und hab's mit den Bronchien. Egal, Hauptsache ich bin wieder zu Hause.« Als im Hamburger Museum der Arbeit die Ausstellung *Sexarbeit Prostitution – Lebenswelten und Mythen* kuratiert wird – geschildert werden auch die Lebenswege der Kolleginnen Christine Keeler und Rosemarie Nitribitt –, gewährt sie Leihgaben.

»Allein die Tatsache, dass ich tagtäglich meinen Körper vermiete, bedeutet noch lange nicht, dass ich mich mit Haut und Haaren verkaufe.« Domenica Niehoff

2009 kommt Domenica mit Kreislaufbeschwerden auf die Intensivstation, sie ist zucker- und lungenkrank. Nach wenigen Tagen stirbt sie mit 63 Jahren. Dem St.-Pauli-Museum vermacht sie einen Großteil ihres Nachlasses. Mitarbeiter sammeln Spenden im Milieu und beim Senat für Grab und Trauerfeier. Die beginnt mit mehreren hundert Teilnehmern auf dem Hans-Albers-Platz, geht über die Herbertstraße zur St.-Pauli-Kirche. Ranghohe Politiker und Zuhälter, auch viele Freier sind zugegen. Domenicas Resümee ein Jahr vor ihrem Tod: »Ich habe erreicht, dass mehr über Prostitution geredet wird. Dass nicht mehr so darüber getuschelt wird. Dass sich Mädels trauen zu sagen: Ich war im Milieu, aber ich will jetzt aussteigen.« Auf dem Ohlsdorfer Friedhof wird Domenica im sogenannten ›Garten der Frauen‹ beerdigt, in Gesellschaft anderer bedeutender Frauen Hamburgs.

2011 ist sie im Hamburger Wachsfigurenkabinett Panoptikum auferstanden.

Bildnachweis:

Günter Zint: S. 112

Lewis Morley Archive, National Portrait Gallery, London: Covermotiv, S. 105

Sammlung Polizeipräsidium Frankfurt am Main: S. 98, 102

Ullstein, Berlin: S. 55 (ullstein bild – Heritage Images / Fine Art Images), S. 66 (ullstein bild – Roger-Viollet), S. 71 (ullstein bild – adoc-photos / Ken), S. 97 (ullstein-bild), S. 110 (ullstein-bild – AP)

Wikimedia: S. 7, 9, 26, 43, 61, 63, 64, 93

Alle anderen Fotos: INTERFOTO, München

Anmerkungen:

Die Porträts über Olympe de Gouges und Jean Genet von Barbara Sichtermann wurden erstmals als e-book veröffentlicht in: Kai Sichtermann (Hrsg.), Eros, Nächte, Moneymaker, 22 Porträts aus dem ältesten Gewerbe, Bremen 2013

S. 22: Von Tintorettos Porträt einer Frau mit entblößter Brust, 1570,
nimmt man an, dass es sich um Veronica Franco handelt.

S. 45: Peter Sloterdijk, Die schrecklichen Kinder der Neuzeit, Berlin 2014

1. Auflage 2016

Gestaltung und Satz: Lisa Neuhalfen, moretypes, Berlin
Umschlagfoto: © Lewis Morley Archive, National Portrait Gallery, London
Druck und Bindung: Grafisches Centrum Cuno GmbH & Co. KG, Calbe
Printed in Germany, gedruckt im Ultra HD Print®
Gedruckt in Deutschland auf Papier aus nachhaltiger Forstwirtschaft
ISBN 978-3-86915-133-5
www.ebersbach-simon.de